dtv

Sie kommen aus dem Nichts und setzen sich mit einer Art Widerhaken fest – Kürzestgeschichten, die sich im Laufe des 20. Jahrhunderts im spanischsprachigen, vor allem lateinamerikanischen Raum zu einer eigenständigen Gattung entwickelt haben. Es sind bewegte, nachhaltige Momentaufnahmen. Ihrer Themenvielfalt sind keine Grenzen gesetzt, nichts ist ihnen zu nah oder zu fern, um es nicht mit aller Selbstverständlichkeit zum Inhalt zu machen. Sie handeln vom gewöhnlichen und oft trügerischen Alltag, sie kippen aber auch gern ins Spielerische, Absurde, Phantastische um und halten sich an keine anderen Grenzen als die ihrer Kürze.
Den Leser, der des Spanischen noch nicht ganz mächtig ist, lädt gerade diese Kürze und der damit verbundene Zwang zu einer klaren und einfachen Sprache zur Lektüre ein.

Minificciones

Minigeschichten
aus Lateinamerika

Ausgewählt und übersetzt
von Erica Engeler

Deutscher Taschenbuch Verlag

dtv zweisprachig

Ausführliche Informationen über
unsere Autoren und Bücher
finden Sie auf unserer Website
www.dtv.de

Originalausgabe 2009
4. Auflage 2014
Deutscher Taschenbuch Verlag GmbH & Co. KG,
München
zweisprachig@dtv.de
Die Übersetzung ist urheberrechtlich geschützt.
Sämtliche, auch auszugsweise Verwertungen bleiben vorbehalten.
Copyright-Hinweis Seite 137; Die Übersetzung von Jorge Luis Borges
ist der Werkausgabe des Carl Hanser Verlags entnommen.
Umschlagkonzept: Balk & Brumshagen
Umschlagbild: ‹Señales› (1958) von
Leopoldo Torres Aguero (Öl auf Leinwand)
Satz: Greiner & Reichel, Köln
Druck und Bindung: Kösel, Krugzell
Gedruckt auf säurefreiem, chlorfrei gebleichtem Papier
Printed in Germany · ISBN 978-3-423-09475-7

Inhalt

Enrique Anderson Imbert
   Alas · Flügel   12 · 13
   Sin título · Ohne Titel   12 · 13
   Jaula de un solo lado · Käfig mit nur einer Seite   12 · 13

Gustavo Arango
   Escapar · Entkommen   14 · 15

Inés Arredondo
   Año nuevo · Neujahr   16 · 17

Juan José Arreola
   De un viajero · Über einen Reisenden   16 · 17
   De L'Osservatore · Aus dem ‹Osservatore›   18 · 19
   Alarma para el año 2000 · Alarm für das Jahr 2000   18 · 19
   Cuento de horror · Horrorgeschichte   20 · 21

Alejandro Aura
   El otro lado · Die andere Seite   20 · 21

Mario Benedetti,
   Salvo excepciones · Ausnahmen vorbehalten   22 · 23
   El hombre que aprendió a ladrar · Der Mann, der bellen lernte   22 · 23

Adolfo Bioy Casares
   Un tigre y su domador · Ein Tiger und sein Dompteur   24 · 25
   Oswalt Henry, viajero · Oswalt Henry, Reisender   26 · 27

Miguel Bonilla López
 El sobreviviente · Der Überlebende   28 · 29

Jorge Luis Borges
 Episodio del enemigo · Episode vom Feind
 30 · 31
 Del rigor de la ciencia · Von der Strenge der
 Wissenschaft   32 · 33
 Las uñas · Die Nägel   34 · 35
 Dreamtigers · Dreamtigers   34 · 35

Raúl Brasca
 Travesía · Die Durchquerung der Wüste   36 · 37
 Felinos · Katzen   38 · 39

Homero Carvalho Oliva
 Evolución · Evolution   38 · 39

José de la Colina
 Una pasión en el desierto · Eine leidenschaftliche
 Begegnung in der Wüste   40 · 41
 Ardiente · Glühend   40 · 41

Julio Cortázar
 Cortísimo metraje · Kürzestfilm   42 · 43
 Elecciones insólitas · Ungewöhnliche Wahl
 42 · 43
 Continuidad de los parques · Ineinanderfließende
 Parks   44 · 45

Marco Denevi
 La verdad sobre el canario · Die Wahrheit über
 den Kanarienvogel   48 · 49
 La contemporaneidad y la posteridad ·
 Die Zeitgenossen und die Nachwelt   48 · 49

La hormiga · Die Ameise   50 · 51
El precursor de Cervantes · Cervantes' Vorläufer
52 · 53

Manuel Díaz Martínez
   El otro · Der Andere   54 · 55

Antonio Di Benedetto
   La verdadera historia del pecado original · Die wahre
   Geschichte der Erbsünde   54 · 55

Salvador Elizondo
   Aviso · Warnung   56 · 57

Juan Armando Epple
   Abecedario · Abc   58 · 59
   Tareas gramaticales · Grammatikaufgaben
   58 · 59
   Medidas de tiempo · Zeitmaße   60 · 61

Luis Fayad
   Reencuentro con una mujer · Wiederbegegnung mit
   einer Frau   60 · 61
   Un personaje en apuros · Ein Protagonist in der Klemme
   62 · 63

Eduardo Galeano
   1976, Libertad: pájaros prohibidos · 1976, Freiheit:
   verbotene Vögel   64 · 65
   Celebración de la fantasía · Lob der Phantasie
   64 · 65

Angélica Gorodischer
   AYYYY · Oje, oje!   66 · 67

Felisberto Hernández
    Los teósofos · Die Thesosophen 68 · 69
    Deliberación de los Dioses · Götterbeschluss
    68 · 69
    Sufragio · Wahlen 70 · 71

Kultur der Ijca
    Un origen · Eine Abstammung 70 · 71

Fernando Iwasaki
    La soledad · Die Einsamkeit 72 · 73
    Cosas que se mueven solas · Dinge, die sich von
    selbst bewegen 72 · 73

Enrique Jaramillo Levi
    El globo · Der Ballon 74 · 75

Gabriel Jiménez Emán
    Los brazos de Kalym · Kalyms Arme 76 · 77

Jorge Medina García
    A saber · Was weiß ich 76 · 77
    La pintura · Das Gemälde 80 · 81

José María Méndez
    El mono sabio · Der weise Affe 82 · 83

Alvaro Menen Desleal
    Los viajeros · Die Reisenden 84 · 85
    Hora sin tiempo · Zeitlose Stunde 84 · 85

Julio Miranda
    Vida de perros · Hundeleben 84 · 85

Augusto Monterroso
    El dinosaurio · Der Dinosaurier   86 · 87
    El Zorro es más sabio · Der Fuchs ist der Klügere   86 · 87
    La Mosca que soñaba que era un Águila · Die Fliege, die im Traum ein Adler war   88 · 89
    La vaca · Die Kuh   90 · 91
    El eclipse · Die Sonnenfinsternis   90 · 91
    La brevedad · Die Kürze   94 · 95

Kultur der Motilonen
    El mundo de arriba y el mundo de abajo · Die obere Welt und die untere Welt   94 · 95

Andrés Neuman
    La felicidad · Das Glück   96 · 97

María Obligado
    Voces como arpones · Stimmen wie Harpunen   98 · 99

Silvina Ocampo
    La soga · Der Strick   100 · 101

José Emilio Pacheco
    Parque de diversiones · Vergnügungspark   104 · 105
    Ispahan · Ispahan   106 · 107

Edmundo Paz Soldán
    La familia · Die Familie   106 · 107
    Las dos ciudades · Die zwei Städte   106 · 107

Cristina Peri Rossi
    [Cuando los alfiles se rebelaron …] · [Nach dem Aufstand der Läufer …]   110 · 111
    [Ella me ha entregado la felicidad …] · [Sie hat mir das Glück überreicht …]   110 · 111

Virgilio Piñera
   La montaña · Der Berg   112 · 113
   En el insomnio · Schlaflosigkeit   114 · 115

Ednodio Quintero
   Tatuaje · Tätowierung   114 · 115

Tomás Rivera
   El año perdido · Das verlorene Jahr   116 · 117
   [sin título] · [Ohne Titel]   118 · 119

Alejandro Rodríguez Hanzik
   Después de todo, nada · Alles in allem, nichts
   120 · 121

Evelio Rosero Diago
   Bajo la lluvia · Im Regen   120 · 121

Juan Sabia
   Cartomancia · Kartenlegen   122 · 123

Armando José Sequera
   Escena de un spaghetti western ·
   Szene aus einem Spaghettiwestern   124 · 125
   Opus 18 · Opus 18   124 · 125

Ana María Shua
   La manzana y la ley · Der Apfel und das Gesetz
   126 · 127
   Caníbales y exploradores · Kannibalen und Forscher
   126 · 127

Héctor Tizón
   El llamado · Der Ruf   128 · 129

Julio Torri
El profesor leía el pasaje de Kirké · Der Lehrer las die
Kirke-Passage   130 · 131

Pablo Urbanyi
El paso del tiempo · Der Lauf der Zeit   132 · 133

Luisa Valenzuela
Este tipo es una mina · Dieser Kerl ist eine Mine
134 · 135

César Vallejo
Quiero perderme · Ich will mich verlieren   134 · 135

Enrique Anderson Imbert
Alas

Yo ejercía entonces la Medicina, en Huamahuaca.
Una tarde me trajeron un niño descalabrado: se
había caído por el precipicio de un cerro. Cuando,
para revisarlo, le quité el poncho, vi dos alas. Las
examiné: estaban sanas. Apenas el niño pudo hablar
le pregunté:
 – ¿Por qué no volaste, m'hijo, al sentirte caer?
 – ¿Volar? – me dijo –. ¿Volar, para que la gente se
ría de mí?

[Sin título]

Atlas estaba sentado, con las piernas bien abiertas,
cargando el mundo sobre los hombros. Hiperión le
preguntó:
 – Supongo, Atlas, que te pesará más cada vez que
cae un aerolito y se clava en la tierra.
 – Exactamente – contestó Atlas –. Y, por el contrario, a
veces me siento aliviado cuando un pájaro levanta vuelo.

Jaula de un solo lado

Querida amiga: como sabes, ésta es mi primera visita
a la pampa. Me pareció hundida bajo el peso de un
Dios sentado sobre la hierba. Llegué en un cabriolé
a la estanzuela de mis tías viejas y, después del
almuerzo, me largué al campo. Descubrí una herra-
mienta abandonada: ¿rastrillo, escarpidor, horquilla,
reja? ¡Qué sé yo cómo se llama! Acaso un peine,
para una cabeza más grande que la mía. Alcé la herra-

Enrique Anderson Imbert
Flügel

Ich übte damals in Huamahuaca meinen Arztberuf aus. Eines Nachmittags wurde mir ein arg zugerichteter Junge gebracht: Er war in eine Schlucht gestürzt. Als ich ihm zur Untersuchung den Poncho auszog, sah ich zwei Flügel. Ich sah sie mir an: Sie waren nicht verletzt. Kaum konnte der Knabe wieder sprechen, fragte ich ihn:
 «Warum bist du nicht geflogen, mein Sohn, als du merktest, du würdest stürzen?»
 «Fliegen?», sagte er. «Fliegen, damit die Leute sich über mich lustig machen?»

[Ohne Titel]

Atlas saß mit gespreizten Beinen und trug die Welt auf den Schultern. Hyperion sagte zu ihm:
 «Ich nehme an, Atlas, dass jedes Mal, wenn ein Meteorit einschlägt, dir die Erde noch schwerer erscheint.»
 «Genau», antwortete Atlas. «Hingegen fühle ich mich manchmal erleichtert, wenn ein Vogel auffliegt.»

Käfig mit nur einer Seite

Liebe Freundin: Wie du weißt, ist dies mein erster Besuch in der Pampa. Sie scheint mir wie niedergedrückt unter dem Gewicht eines Gottes, der im Gras sitzt. Mit einem Kabriolett gelangte ich zur kleinen Farm meiner alten Tanten. Nach dem Mittagessen ging ich aufs Feld hinaus. Ich entdeckte ein zurückgelassenes Werkzeug: Rechen, Kamm, Gabel, Egge? Keine Ahnung, was es sein mochte. Vielleicht war es ein Kamm für einen Kopf, der größer ist als meiner. Ich hob das Werkzeug

mienta y clavé sus dientes en la tierra. Un pájaro apareció a sobreviento y se echó junto a esas púas. No se movió cuando me aproximé. Arranqué la estaca, la cargué al hombro y la volví a hincar más lejos. ¿Querrás creerme? El pájaro vino de un vuelo y se le arrimó bien, como una señorita se asoma a la calle por la verja. Repetí la operación varias veces. Siempre el pájaro acudía a echarse al lado de esa hilera de hierros. ¡Tenía todo el campo abierto a su disposición y sin embargo prefería inmovilizarse ahí, y mirar a través de los alambres! Por lo visto le gustaba sentirse prisionero y se inventaba una jaula.

Gustavo Arango
Escapar

Han venido a decirme que debía marcharme. Que no había tiempo que perder. Que no había tiempo ni espacio para llevarme nada. Que una sombra que puede ser la misma muerte me acechaba.

Han dicho que tendremos que ir muy lejos. Me han apurado para que me vista, para que no pierda segundos preciosos amarrándome el calzado.

Al salir, he podido echarle un vistazo a mi lugar casi sin ver nada, sin fijar la mirada en lo que dejaba.

Sólo luego, ya cuando el asedio parece distante, he tenido tiempo para hacer nítida la última visión. He visto las fotografías en el nochero, esperemos que la memoria no borre la imagen de los que quiero. He visto mi reloj, su segundero roto. El cenicero que me regaló la tía Carola. Los cuadros en la pared, sus rústicos marcos. Los cuadernos. Mis lápices. La jarra del agua. El calorcito que

auf und rammte die Zacken in die Erde. Ein Vogel kam mit dem Wind geflogen und setzte sich vor diese Zinken. Er rührte sich nicht, als ich näher trat. Ich riss das Ding heraus und trieb es ein Stück weiter wieder in den Boden. Kannst du es glauben? Der Vogel flog herbei und schmiegte sich daran wie ein Mädchen, das durch das Fenstergitter auf die Straße blickt. Ich wiederholte den Vorgang mehrmals. Jedes Mal kam der Vogel und ließ sich an dieser Reihe von Eisenstäben nieder. Das ganze Feld stand ihm zur Verfügung, aber er zog es vor, dort stillzusitzen und durch das Gitter zu sehen. Offenbar gefiel es ihm, sich in Gefangenschaft zu fühlen, und so erfand er sich einen Käfig.

Gustavo Arango
Entkommen

Sie kamen und sagten, ich müsse fortgehen. Es gebe keine Zeit zu verlieren. Weder Zeit noch Platz, etwas mitzunehmen. Ein Schatten, womöglich gar der Tod, stelle mir nach.

Sie sagten, wir müssten weit fortgehen. Sie drängten mich zur Eile beim Anziehen, ich dürfe keine kostbaren Sekunden mit Schuhbinden verlieren.

Im Hinausgehen konnte ich noch einen Blick auf meine Bleibe werfen, ohne etwas Bestimmtes auszumachen, ohne die Augen auf das zu heften, was ich zurückließ.

Erst später, als die Verfolgung schon weit zurückzuliegen schien, fand ich die Zeit, diesen letzten Augenschein zu schärfen. Ich sah die Fotografien auf dem Nachttisch, möge das Gedächtnis die Gesichter meiner Lieben bewahren. Ich sah meine Uhr, ihren defekten Sekundenzeiger. Den Aschenbecher, ein Geschenk von Tante Carola. Die Bilder an der Wand, die schmucklosen Rahmen. Die Hefte. Meine Bleistifte. Den Wasserkrug. Die traute Wärme

hacía en ese sitio, mi hogar. Y me he sentido triste,
vacío en ese camino que desconozco y que ahora
recorro, despojado por aquellos que pretendían
salvarme del despojo. Y me he preguntado si,
en la prisa por partir, no me habré dejado a mí
también.

Inés Arredondo
Año nuevo

a la vita

Estaba sola. Al pasar, en una estación del metro de
París, vi que daban las doce de la noche. Era muy
desgraciada; por otras cosas. Las lágrimas comenzaron a correr, silenciosas.

Me miraba. Era un negro. Íbamos los dos colgados, frente a frente. Me miraba con ternura, queriéndome consolar. Extraños, sin palabras. La mirada es lo más profundo que hay. Sostuvo sus ojos fijos en los míos hasta que las lágrimas se secaron. En la siguiente estación, bajó.

Juan José Arreola
De un viajero

En el vientre de la ballena, Jonás encuentra a un
desconocido y le pregunta:

– Perdone usted, ¿por dónde está la salida?

– Eso depende… ¿A dónde va usted?

Jonás volvió a dudar entre las dos ciudades y no
supo qué responder.

– Mucho me temo que ha tomado usted la ballena
equivocada…

dieses Ortes, meines Zuhauses. Und ich wurde traurig, fühlte mich leer auf dem unbekannten Weg, den ich jetzt gehe, von jenen beraubt, die vorgaben, mich eben davor zu bewahren. Und ich fragte mich, ob ich in der Eile des Fortgehens nicht vielleicht mich selbst zurückgelassen hatte.

Inés Arredondo
Neujahr

a la vita

Ich war allein. Im Vorbeifahren sah ich in einer Pariser Metrostation, dass die Uhr Mitternacht zeigte. Ich fühlte mich sehr unglücklich, aus anderen Gründen. Lautlos begannen die Tränen zu fließen.

Er sah mich an. Es war ein Schwarzer. Auge in Auge hingen wir an den Bügeln. Er blickte mich zärtlich an, als wolle er mich trösten. Wir waren Fremde, hatten keine Worte. Es gibt nichts Tieferes als den Blick. Seine Augen ruhten unverwandt auf den meinen, bis die Tränen getrocknet waren. An der nächsten Station stieg er aus.

Juan José Arreola
Über einen Reisenden

Im Bauch des Wals trifft Jona auf einen Fremden und fragt ihn:

«Verzeihung, wo geht es zum Ausgang?»

«Es kommt drauf an ... Wohin möchten Sie denn fahren?»

Jona schwankte noch einmal zwischen den beiden Städten und wusste nicht, was er antworten sollte.

«Ich fürchte sehr, Sie haben den falschen Wal genommen ...»

Y sonriendo con dulzura, el desconocido se disipó blandamente hacia el abismo intestinal.

Vomitado poco después como un proyectil desde la costa, Jonás fue a estrellarse directamente contra los muros de Nínive. Pudo ser identificado porque entre sus papeles proféticos llevaba un pasaporte en regla para dirigirse a Tartessos.

De L'Osservatore

A principios de nuestra Era, las llaves de San Pedro se perdieron en los suburbios del Imperio Romano. Se suplica a la persona que las encuentre, tenga la bondad de devolverlas inmediatamente al Papa reinante, ya que desde hace más de quince siglos las puertas del Reino de los Cielos no han podido ser forzadas con ganzúas.

Alarma para el año 2000

¡Cuidado! Cada hombre es una bomba a punto de estallar. Tal vez la amada hace explosión en brazos de su amante. Tal vez...

Ya nadie puede ser vejado ni aprehendido. Todos se niegan a combatir. En los más apartados rincones de la tierra, resuena el estrépito de los últimos descontentos.

El tuétano de nuestros huesos está debidamente saturado. Cada fémur y cada falange es una cápsula explosiva que se opera a voluntad. Basta con apoyar fuertemente la lengua contra la bóveda palatina y hacer una breve reflexión colérica... 5, 4, 3, 2, 1... el índice de adrenalina aumenta, se modifica el quimismo de la sangre y ¡cataplum! Todo desaparece en derredor.

Cae después una ligera llovizna de ceniza. Pequeños

Und mit einem milden Lächeln verschwand der Fremde lässig im Schlund der Eingeweide.

Wenig später wurde Jona von der Küste wie ein Geschoss gegen die Stadtmauer von Ninive geschleudert. Er konnte identifiziert werden, weil er zwischen seinen prophetischen Papieren einen gültigen Pass für die Reise nach Tartessos bei sich trug.

Aus dem ‹Osservatore›

Am Anfang unseres Zeitalters ging Petrus' Schlüssel in den Vororten des Römischen Reiches verloren. Die Person, die ihn findet, möge bitte die Güte haben, ihn umgehend dem amtierenden Papst zurückzuerstatten, denn seit mehr als fünfzehn Jahrhunderten konnten die Himmelstore mit keinem Dietrich aufgebrochen werden.

Alarm für das Jahr 2000

Achtung! Jeder Mensch ist eine Bombe, die jederzeit hochgehen kann. Vielleicht explodiert die Geliebte in den Armen des Geliebten. Vielleicht ...

Niemand darf mehr bedrängt oder festgenommen werden. Alle verweigern den Kampf. In den abgelegensten Ecken der Welt erschallt das Geschrei der letzten Unzufriedenen.

Unser Knochenmark ist gebührend gesättigt. Jeder Schenkelknochen und jedes Finger- und Zehenglied ist eine explosive Kapsel, die beliebig gehandhabt werden kann. Es genügt, die Zunge fest gegen die Wölbung des Gaumens zu pressen und eine kurze jähzornige Überlegung anzustellen ... 5, 4, 3, 2, 1 ... der Adrenalinspiegel steigt, die Chemie des Blutes verändert sich und – peng! Alles rundum ist weg.

Danach fällt feiner Aschenregen. Kleine schmierige Flocken

grumos viscosos flotan en el aire. Fragmentos de telaraña con leve olor nauseabundo como el bromo: son los restos del hombre que fue.

No hay más remedio que amarnos apasionadamente los unos a los otros.

Cuento de horror

La mujer que amé se ha convertido en fantasma. Yo soy el lugar de las apariciones.

Alejandro Aura
El otro lado

Un día el rey llamó a unos muchachos de por aquí y les dijo «Se me van volados hasta el otro lado y me dicen qué hay».

Unos se fueron en bicicleta, otros en patines y otros, en avalancha, otros se fueron nomás volando.

Algunos llegaron pronto al otro lado y otros se tardaron años, así que llegaron viejecitos, pero los primeros para no aburrirse esperaron a los demás haciendo cuentas y tejas de barro.

Ya que se fijaron bien en todo regresaron y le dijeron al rey «Del otro lado es todo igual pero al revés».

Quién sabe por qué se les ocurrió decir eso, pero todos dijeron lo mismo.

«Yo quiero ir», dijo el rey, «cárguenme». Y se lo llevaron.

Pero cuando pasaron al otro lado, el rey tuvo que cargar a todos y eso no le gustó, entonces

schweben in der Luft. Spinnwebenteile mit leicht widerlichem Geruch wie nach Brom: Es sind die Überreste des Menschen, der einmal war.

Als einziges Heilmittel bleibt uns, einander leidenschaftlich zu lieben.

Horrorgeschichte

Die Frau, die ich liebte, hat sich in ein Gespenst verwandelt. Ich bin der Ort ihrer Erscheinungen.

Alejandro Aura
Die andere Seite

Eines Tages ließ der König ein paar junge Männer aus der Umgebung zu sich kommen und sagte zu ihnen: «Ihr geht jetzt eiligst auf die andere Seite und berichtet mir, was es dort gibt.»

Einige nahmen das Fahrrad, andere die Rollschuhe, ein paar gingen mit einer Lawine und wiederum andere sausten einfach davon.

Einige waren schnell auf der anderen Seite und andere benötigten Jahre dafür, sodass sie gealtert ankamen; aber die ersten formten Perlen und Ziegel aus Lehm, um sich beim Warten auf die anderen nicht zu langweilen.

Als sie alles genau beobachtet hatten, kehrten sie zurück und sagten zum König: «Auf der anderen Seite ist alles genau wie hier, nur umgekehrt.»

Wer weiß, was sie dazu gebracht hatte, das zu behaupten, doch sagten alle dasselbe.

«Ich will dorthin», sagte der König, «tragt mich». Und sie taten es.

Als sie aber auf der anderen Seite angelangt waren, musste der König alle tragen, was ihm gar nicht gefiel. Da wollte er

quiso que lo regresaran, pero como todo era al revés, se lo llevaron al otro lado del otro lado.

Y así siguieron hasta que se acabaron todos.

Mario Benedetti
Salvo excepciones

En la sala repleta circuló un aire helado cuando don Luciano, con todo el peso de su prestigio y de su insobornable capacidad de juicio, al promediar su conferencia tomó aliento para decir: «Como siempre, quiero ser franco con ustedes. En este país, y *salvo excepciones*, mi profesión está en manos de oportunistas, de frívolos, de ineptos, de venales».

A la mañana siguiente, su secretaria le telefoneó a las ocho: «Don Luciano, lamento molestarlo tan temprano, pero acaban de avisarme que, frente a su casa, hay como quinientas personas esperándolo». «¿Ah, sí?», dijo el profesor, de buen ánimo. «¿Y qué quieren?» «Según dicen, se proponen expresarle su saludo y su admiración». «Pero ¿quiénes son?» «No lo sé con certeza, don Luciano. Ellos dicen que son las excepciones».

El hombre que aprendió a ladrar

Lo cierto es que fueron años de arduo y pragmático aprendizaje, con lapsos de desaliento en los que estuvo a punto de desistir. Pero al fin triunfó la perseverancia y Raimundo aprendió a ladrar. No a imitar ladridos, como suelen hacer algunos chistosos o que se creen tales, sino verdaderamente a ladrar. ¿Qué lo había impulsado a ese adiestramiento? Ante sus amigos

zurückgebracht werden, doch da alles umgekehrt war, führten sie ihn auf die andere Seite der anderen Seite.

Und so machten sie weiter, bis alle erledigt waren.

Mario Benedetti
Ausnahmen vorbehalten

Im vollbesetzten Saal wehte ein eisiger Luftzug, als Don Luciano etwa in der Mitte seines Vortrags Atem holte, um mit dem ganzen Gewicht seines hohen Ansehens und unbestechlichen Urteilsvermögens zu sagen: «Wie immer will ich Ihnen gegenüber ehrlich sein. In diesem Land liegt mein Beruf, *Ausnahmen vorbehalten*, in Händen von Opportunisten, Wankelmütigen, Banausen und Bestechlichen.»

Am nächsten Morgen um acht Uhr kam ein Anruf von seiner Sekretärin: «Don Luciano, es tut mir leid, Sie so früh zu stören, mir wurde aber eben gemeldet, dass vor Ihrem Haus etwa fünfhundert Leute stehen, die auf Sie warten.» «Ach ja?», sagte der Professor gut gelaunt. «Und was wollen sie?» «Es heißt, sie möchten Sie begrüßen und Ihnen ihre Bewunderung aussprechen.» «Warum, wer sind sie denn?» «Ich weiß es nicht genau, Don Luciano. Sie sagen, sie seien die Ausnahmen.»

Der Mann, der bellen lernte

Tatsache ist, dass es mühselige und trockene Lehrjahre waren mit Phasen der Mutlosigkeit, in denen er drauf und dran war aufzugeben. Doch schließlich siegte die Ausdauer, und Raimundo lernte bellen. Nicht etwa Gebell bloß nachzuahmen, wie gewisse Witzbolde oder solche, die sich für witzig halten, es tun, sondern wirklich zu bellen. Was hatte ihn dazu bewogen, sich das beizubringen? Seinen Freunden ge-

se autoflagelaba con humor: «La verdad es que ladro por no llorar.» Sin embargo, la razón más valedera era su amor casi franciscano hacia sus hermanos perros. Amor es comunicación. ¿Cómo amar entonces sin comunicarse?

Para Raimundo representó un día de gloria cuando su ladrido fue por fin comprendido por Leo su hermano perro, y (algo más extraordinario aún) él comprendió el ladrido de Leo. A partir de ese día Raimundo y Leo se tendían, por lo general en los atardeceres, bajo la glorieta, y dialogaban sobre temas generales. A pesar de su amor por los hermanos perros, Raimundo nunca había imaginado que Leo tuviera una tan sagaz visión del mundo.

Por fin, una tarde se animó a preguntarle, en varios sobrios ladridos: «Dime, Leo, con toda franqueza: ¿qué opinas de mi forma de ladrar?» La respuesta de Leo fue escueta y sincera: «Yo diría que lo haces bastante bien, pero tendrás que mejorar. Cuando ladras, todavía se te nota el acento humano.»

Adolfo Bioy Casares
Un tigre y su domador

Soy hija de una prestidigitadora y de un acróbata. Nací, y viví siempre, en el circo. Estoy casada con un domador de fieras.

Tengo un don probablemente excepcional. Basta que alguien se acerque a mí, para que yo lea su pensamiento. Me resigno, sin embargo, a que mi actuación en el circo donde trabajo sea aún más modesta que la de los payasos: ellos, al fin y al cabo, pretenden provocar la risa. Yo, por mi parte, con falda corta y muy largas medias blancas, al compás de la música, ejecuto pasos de baile ante la indiferencia del público, mientras a mi

genüber äußerte er mit bitterem Humor: «In Wahrheit belle ich, um nicht zu weinen.» Dabei lag der eigentliche Grund dafür in seiner geradezu franziskanischen Liebe zu seinen Hundegeschwistern. Liebe ist Verständigung. Wie soll man also lieben, ohne sich miteinander zu verständigen?

Für Raimundo war es ein Freudentag, als sein Bellen endlich von Leo, seinem Bruder Hund, verstanden wurde, und er (was noch außerordentlicher ist) Leos Bellen verstand. Von diesem Tag an legten sich Raimundo und Leo, meistens abends, in der Gartenlaube nieder und unterhielten sich über Gott und die Welt. Bei aller Liebe zu den Hundegeschwistern hatte sich Raimundo niemals vorgestellt, dass Leo eine derart differenzierte Weltsicht haben könnte.

Eines Tages fasste er sich endlich ein Herz und fragte ihn mit ein paar schlichten Belllauten: «Sag mir ganz ehrlich, Leo, was hältst du von meinem Bellen?» Leos Antwort fiel knapp und ehrlich aus: «Ich würde sagen, du machst es ziemlich gut, du musst dich aber noch verbessern. Wenn du bellst, hört man noch den menschlichen Akzent.»

Adolfo Bioy Casares
Ein Tiger und sein Dompteur

Ich bin die Tochter einer Taschenspielerin und eines Akrobaten. Ich kam in einem Zirkus zur Welt und habe immer in einem solchen gelebt. Ich bin mit einem Raubtierdompteur verheiratet.

Ich besitze eine wahrscheinlich außergewöhnliche Gabe. Sobald jemand in meine Nähe kommt, kann ich seine Gedanken lesen. Doch nehme ich es hin, dass meine Auftritte in dem Zirkus, in dem ich arbeite, noch bescheidener sind als die der Clowns. Ihnen geht es schließlich darum, das Publikum zum Lachen zu bringen. Ich aber tanze in kurzem Kleid und langen weißen Strümpfen im Rhythmus der Musik, ohne vom Publikum groß beachtet zu werden, während um mich herum

alrededor jinetes, equilibristas o domadores se juegan la vida.

De chica fui vanidosa. Para mí no había halago comparable al de ser admirada por mi don. Pronto, demasiado pronto, sospeché que por ese mismo don la gente me rehuía, como si me temiera. Me dije: «Si no lo olvidan quedaré sola.» Oculté mi don; fue un secreto que no revelé a nadie, ni siquiera a Gustav, mi marido.

De un tiempo a esta parte Gustav trabaja con un solo tigre. Hace poco nos enteramos de que un viejo domador, famoso entre la gente del gremio por tratar a las fieras como si fueran humanos, se jubilaba y vendía un tigre. Gustav fue a verlo y, tras mucho regateo, lo compró.

La primera tarde en que Gustav ante el público trabajó con el tigre, yo bailaba en el centro de la pista. De pronto, sin proponérmelo, me puse a leer pensamientos. Cuando me acerqué a mi marido, toda lectura cesó; pero cuando me acerqué al tigre, cuál no sería mi sorpresa, leí fácilmente su pensamiento, que se dirigía a mi marido y ordenaba: «Dígame que salte», «Dígame que dé un zarpazo», «Dígame que ruja». Obedeció mi marido y el tigre saltó, dio un zarpazo y rugió con ferocidad.

Oswalt Henry, viajero

El viaje había resultado agotador para el hombre (Oswalt Henry) y para la máquina. Por una falla del mecanismo o por un error del astronauta, entraron en una órbita indebida, de la que ya no podrían salir. Entonces el astronauta oyó que lo llamaban para el desayuno, se encontró en su casa, comprendió que

Reiter, Seiltänzer oder Dompteure ihr Leben aufs Spiel setzen.

Als Kind war ich eitel. Nichts schmeichelte mir mehr, als meiner Gabe wegen bewundert zu werden. Doch bald, allzu bald, ahnte ich, dass mich die Menschen gerade ihretwegen mieden, als würden sie sich vor mir fürchten. Ich sagte mir: «Wenn sie das nicht vergessen, bleibe ich allein.» Ich verschwieg meine Gabe, machte daraus ein Geheimnis, das ich niemandem, nicht einmal meinem Mann Gustav verriet.

Seit einiger Zeit arbeitet Gustav mit einem einzigen Tiger. Neulich erfuhren wir, dass ein alter Dompteur, der unter den Leuten der Zunft großes Ansehen genoss, weil er die Raubtiere behandelte, als wären es Menschen, in den Ruhestand trat und einen Tiger feilbot. Gustav sah sich das Tier an und kaufte es nach langem Feilschen.

Am ersten Abend, an dem Gustav mit diesem Tiger vor Publikum arbeitete, tanzte ich in der Mitte der Arena. Auf einmal begann ich unabsichtlich Gedanken zu lesen. Als ich in die Nähe meines Mannes kam, hörte das Lesen völlig auf; als ich mich aber dem Tiger näherte, konnte ich zu meiner großen Überraschung mühelos seine Gedanken lesen; sie waren an meinen Mann gerichtet und befahlen: «Sagen Sie: springen!», «Sagen Sie: Prankenhieb!», «Sagen Sie: brüllen!». Mein Mann gehorchte, und der Tiger sprang in die Luft, schlug mit der Pranke und brüllte fürchterlich.

Oswalt Henry, Reisender

Die Reise erwies sich als erschöpfend für Mann (Oswalt Henry) und Maschine. Aufgrund einer Störung im Mechanismus oder eines Versagens des Raumfahrers waren sie in eine falsche Umlaufbahn geraten, aus der sie nicht mehr herauskommen konnten. Da hörte der Raumfahrer, dass er zum Frühstück gerufen wurde; er war zu Hause und realisierte, dass die

la situación en la que se había visto era solamente un sueño angustioso.

Reflexionó: Había soñado con su próximo viaje, para el que estaba preparándose. Tenía que librarse cuanto antes de esas imágenes que aún volvían a su mente y de la angustia en que lo habían sumido, porque si no le traerían mala suerte. Esa mañana, tal vez por la terrorífica experiencia del sueño, valoró como es debido el calor de hogar que le ofrecía su casa. Realmente le pareció que su casa era el hogar por antonomasia, el hogar original, o quizá la suma de cuanto tuvieron de hogareño las casas en que vivió a lo largo de su vida. Su vieja niñera le preguntó si algo le preocupaba y lo estrechó contra el regazo. En ese momento de supremo bienestar, Henry, el astronauta, entrevió una duda especulativa que muy pronto se convirtió en un desconcertante recuerdo: su vieja niñera, es claro, había muerto. «Si esto es así», pensó, «estoy soñando». Despertó asustado. Se vio en la cápsula y comprendió que volaba en una órbita de la que ya no podría salir.

Miguel Bonilla López
El sobreviviente

Está solo. Es el único hombre que queda sobre la Tierra. Lo sabe y esa certeza le tortura el alma: cree que su destino es atroz. Ignora, sin embargo, que el destino le reserva una verdad aún más horrenda. En efecto, buscando víveres entre las ruinas de la ciudad descubre un espejo. El espejo no lo refleja.

Lage, in der er sich befunden hatte, nur ein beklemmender Traum gewesen war.

Er kam zu dem Schluss, er habe von seiner nächsten Reise geträumt, auf die er sich gerade vorbereitete. Die Bilder aus dem Traum, die ihm noch nachgingen, sowie die Angst, die sie ihm eingejagt hatten, mussten so schnell wie möglich verbannt werden, sonst würden sie ihm Pech bringen. An diesem Morgen schätzte er, vielleicht gerade wegen des angsteinflößenden Traums, die wohlige Geborgenheit, die ihm sein Zuhause bot. Tatsächlich schien ihm sein Haus das traute Heim schlechthin zu sein, das eigentliche Zuhause oder vielleicht die Summe all dessen, was die Häuser, in denen er gelebt hatte, an Heimeligem zu bieten hatten. Sein altes Kindermädchen fragte ihn, ob er Kummer habe, und drückte ihn an sich. In diesem Augenblick tiefsten Wohlbefindens kam Henry, dem Raumfahrer, ein bedenklicher Zweifel, der sich umgehend in eine bestürzende Erinnerung verwandelte: Sein Kindermädchen war selbstverständlich schon gestorben. «Wenn das stimmt», dachte er, «dann träume ich jetzt.» Er erwachte mit Schrecken. Er sah sich in der Kapsel und es wurde ihm klar, dass er sich auf einer Umlaufbahn befand, aus der er nicht mehr herauskommen konnte.

Miguel Bonilla López
Der Überlebende

Er ist allein. Er ist als einziger Mensch auf Erden übriggeblieben. Er weiß es, und diese Gewissheit schlägt ihm aufs Gemüt. Er glaubt, ein furchtbares Schicksal zu haben. Was er aber nicht weiß, ist, dass das Schicksal eine noch schrecklichere Tatsache für ihn bereithält. Und wirklich, als er in den Ruinen der Stadt nach Lebensmitteln sucht, entdeckt er einen Spiegel. Der spiegelt ihn nicht.

Jorge Luis Borges
Episodio del enemigo

Tantos años huyendo y esperando y ahora el enemigo estaba en mi casa. Desde la ventana lo vi subir penosamente por el áspero camino del cerro. Se ayudaba con un bastón, con un torpe bastón que en sus viejas manos no podía ser un arma sino un báculo. Me costó percibir lo que esperaba: el débil golpe contra la puerta. Miré, no sin nostalgia, mis manuscritos, el borrador a medio concluir y el tratado de Artemidoro sobre los sueños, libro un tanto anómalo ahí, ya que no sé griego. Otro día perdido, pensé. Tuve que forcejear con la llave. Temí que el hombre se desplomara, pero dio unos pasos inciertos, soltó el bastón, que no volví a ver, y cayó en mi cama, rendido. Mi ansiedad lo había imaginado muchas veces, pero sólo entonces noté que se parecía, de un modo casi fraternal, al último retrato de Lincoln. Serían las cuatro de la tarde.

Me incliné sobre él para que me oyera.

– Uno cree que los años pasan para uno – le dije – pero pasan también para los demás. Aquí nos encontramos al fin y lo que antes ocurrió no tiene sentido.

Mientras yo hablaba, se había desabrochado el sobretodo. La mano derecha estaba en el bolsillo del saco. Algo me señalaba y yo sentí que era un revólver.

Me dijo entonces con voz firme:

– Para entrar en su casa, he recurrido a la compasión. Lo tengo ahora a mi merced y no soy misericordioso.

Ensayé unas palabras. No soy un hombre fuerte y sólo las palabras podían salvarme. Atiné a decir:

– Es verdad que hace tiempo maltraté a un niño, pero usted ya no es aquel niño ni yo aquel insensato.

Jorge Luis Borges
Episode vom Feind

So viele Jahre des Fliehens und Wartens, und nun war der Feind in meinem Haus. Vom Fenster aus sah ich ihn mühsam den rauen Hügelweg erklimmen. Er half sich mit einem Stock, mit einem hässlichen Stock, der in alten Händen keine Waffe, sondern nur ein Stab sein konnte. Kaum nahm ich das wahr, worauf ich gewartet hatte: den schwachen Schlag an die Tür. Nicht ohne Wehmut sah ich meine Manuskripte an, mein halbgefülltes Skizzenbuch und das Traktat des Artemidor über die Träume, ein hier ziemlich ausgefallenes Buch, da ich kein Griechisch kann. Wieder ein verlorener Tag, dachte ich. Ich musste mit dem Schlüssel kämpfen. Ich fürchtete, der Mann würde zusammenbrechen, aber er machte ein paar unsichere Schritte, ließ den Stock los, den ich nie wieder sah, und fiel erschöpft auf mein Bett. Meine Angst hatte sich ihn oft vorgestellt, aber erst jetzt bemerkte ich, dass er fast brüderlich Lincolns letztem Porträt glich. Es mochte vier Uhr nachmittags sein.

Ich beugte mich über ihn, damit er mich hören konnte.

«Man glaubt, die Jahre vergehen für einen», sagte ich zu ihm, «aber sie vergehen auch für die anderen. Hier begegnen wir uns endlich, und das, was vorher geschehen ist, hat keine Bedeutung.»

Während ich sprach, hatte er seinen Mantel aufgeknöpft. Die rechte Hand steckte in der Rocktasche. Er wies mit etwas auf mich, und ich erriet, dass es ein Revolver war.

Da sagte er mit fester Stimme:

«Um Ihr Haus zu betreten, habe ich das Mitleid genutzt. Jetzt habe ich Sie in der Hand, und ich bin nicht barmherzig.»

Ich suchte nach Worten. Ich bin kein starker Mann, und nur Wörter konnten mich retten. Es gelang mir zu sagen:

«Es ist wahr, dass ich vor Zeiten ein Kind misshandelt habe, aber Sie sind nicht mehr dieses Kind und ich bin nicht

Además, la venganza no es menos vanidosa y ridícula que el perdón.

– Precisamente porque ya no soy aquel niño – me replicó – tengo que matarlo. No se trata de una venganza sino de un acto de justicia. Sus argumentos, Borges, son meras estratagemas de su terror para que no lo mate. Usted ya no puede hacer nada.

– Puedo hacer una cosa – le contesté.

– ¿Cuál? – me preguntó.

– Despertarme.

Y así lo hice.

Del rigor de la ciencia

En aquel Imperio, el Arte de la Cartografía logró tal Perfección que el mapa de una sola Provincia ocupaba toda una Ciudad, y el mapa del Imperio, toda una Provincia. Con el tiempo, esos Mapas Desmesurados no satisficieron y los Colegios de Cartógrafos levantaron un Mapa del Imperio, que tenía el tamaño del Imperio y coincidía puntualmente con él. Menos adictas al Estudio de la Cartografía, las Generaciones Siguientes entendieron que ese dilatado Mapa era Inútil y no sin Impiedad lo entregaron a las Inclemencias del Sol y de los Inviernos. En los desiertos del Oeste perduran despedazadas Ruinas del Mapa, habitadas por Animales y por Mendigos; en todo el País no hay otra reliquia de las Disciplinas Geográficas.

Suárez Miranda: *Viajes de varones prudentes*, Libro cuarto, cap. XLV, Lérida, 1658.

mehr dieser Wahnsinnige. Überdies ist Rache nicht weniger eitel und lächerlich als Vergebung.»

«Eben weil ich nicht mehr dieses Kind bin», erwiderte er, «muss ich Sie töten. Es handelt sich nicht um Rache, sondern um einen Akt der Gerechtigkeit. Ihre Argumente, Borges, sind bloße Schachzüge Ihres Schreckens, damit ich Sie nicht töte. Sie können nichts mehr tun.»

«Eins kann ich tun», entgegnete ich.

«Was?» fragte er.

«Aufwachen.»

Und das tat ich.

Von der Strenge der Wissenschaft

… In jenem Reich erlangte die Kunst der Kartographie eine solche Vollkommenheit, dass die Karte einer einzigen Provinz eine ganze Stadt einnahm und die Karte des Reichs eine ganze Provinz. Mit der Zeit befriedigten diese Maßlosen Karten nicht länger, und die Kollegs der Kartographen erstellten eine Karte des Reichs, die die Größe des Reichs besaß und sich mit ihm in jedem Punkt deckte. Die nachfolgenden Geschlechter, dem Studium der Kartographie minder ergeben, hielten diese ausgedehnte Karte für unnütz und überließen sie, nicht ohne Ruchlosigkeit, den Unbilden der Sonne und der Winter. In den Wüsten des Westens überdauern zerstückelte Ruinen der Karte, behaust von Tieren und von Bettlern; im ganzen Land gibt es keine andere Reliquie der Geographischen Disziplinen.

(Suárez Miranda: *Von den Reisen kluger Männer*, Viertes Buch, Kap. XLV, Lérida, 1658.)

Las uñas

Dóciles medias los halagan de día y zapatos de cuero claveteados los fortifican, pero los dedos de mi pie no quieren saberlo. No les interesa otra cosa que emitir uñas: láminas córneas, semitransparentes y elásticas, para defenderse ¿de quién? Brutos y desconfiados como ellos solos, no dejan un segundo de preparar ese tenue armamento. Rehúsan el universo y el éxtasis para seguir elaborando sin fin unas vanas puntas, que cercenan y vuelven a cercenar los bruscos tijeretazos de Solingen. A los noventa días crepusculares de encierro prenatal establecieron esa única industria. Cuando yo esté guardado en la Recoleta, en una casa de color ceniciento provista de flores secas y de talismanes, continuarán su terco trabajo, hasta que los modere la corrupción. Ellos, y la barba en mi cara.

Dreamtigers

En la infancia yo ejercí con fervor la adoración del tigre: no el tigre overo de los camalotes del Paraná y de la confusión amazónica, sino el tigre rayado, asiático, real, que sólo pueden afrontar los hombres de guerra, sobre un castillo encima de un elefante. Yo solía demorarme sin fin ante una de las jaulas en el Zoológico; yo apreciaba las vastas enciclopedias y los libros de historia natural, por el esplendor de sus tigres. (Todavía me acuerdo de esas figuras: yo que no puedo recordar sin error la frente o la sonrisa de una mujer.) Pasó la infancia, caducaron los tigres y su pasión, pero todavía están en mis sueños. En esa napa sumergida o caótica siguen prevaleciendo y así:

Die Nägel

Schmiegsame Strümpfe umschmeicheln sie bei Tag, und genagelte Schuhe aus Leder befestigen sie, aber meine Zehen wollen davon nichts wissen. Nichts anderes interessiert sie, als Nägel auszubilden: hornige Scheiben, halb durchsichtig und biegsam, um sich zu verteidigen – gegen wen? Ungebildet und argwöhnisch wie nichts anderes lassen sie in der Zubereitung dieser dünnen Rüstung keinen Augenblick nach. Sie verschmähen Weltall und Ekstase, um endlos ein paar eitle Spitzen zu treiben, die wieder und wieder die zupackende Solinger Schere kappt. Nach neunzig Dämmerungstagen der vorgeburtlichen Klausur haben sie diese einzigartige Industrie begründet. Wenn man mich einst auf dem Friedhof La Recoleta verwahrt, in einem aschefarbenen Haus mit verdorrten Blumen und Talismanen, werden sie ihr stures Werk fortsetzen, bis ihnen die Verwesung Einhalt gebietet. Sie, und der Bart auf meinem Gesicht.

Dreamtigers

Als Kind betrieb ich mit Inbrunst die Anbetung des Tigers: nicht des gefleckten Tigers der Graßsteppen des Paraná und der amazonischen Wirrnis, sondern des gestreiften asiatischen Königstigers, mit dem nur Männer des Krieges es aufnehmen können, in einem Turm auf einem Elefanten. Vor einem der Käfige im Zoologischen Garten hielt ich mich endlos auf; ich liebte die weitläufigen Nachschlagewerke und Bücher über Naturgeschichte wegen der Pracht ihrer Tiger. (Noch immer erinnere ich mich an diese Gestalten: ich, der ich mich nicht zweifelsfrei an die Stirn oder das Lächeln einer Frau erinnern kann.) Die Kindheit ging vorbei, die Tiger und meine Leidenschaft für sie verfielen, aber in meinen Träumen sind sie noch immer. In diesem versunkenen oder chaotischen Dschungel behaupten sie

Dormido, me distrae un sueño cualquiera y de pronto sé que es un sueño. Suelo pensar entonces: Éste es un sueño, una pura invención de mi voluntad, y ya que tengo un ilimitado poder, voy a causar un tigre.

¡Oh, incompetencia! Nunca mis sueños saben engendrar la apetecida fiera. Aparece el tigre, eso sí, pero disecado o endeble, o con impuras variaciones de forma, o de un tamaño inadmisible, o harto fugaz, o tirando a perro o a pájaro.

Raúl Brasca
Travesía

Caminaban a la par. Se habían jurado lealtad y que dividirían todo por mitades. Frente al desierto, igualaron el peso de sus alforjas y se internaron seguros. No los doblegaron la impiedad del sol ni el rigor de la noche y cuando se les acabó la comida repartieron el agua en partes iguales. Pero la arena era interminable. Paulatinamente, el paso se les hizo más lento, dejaron de hablar, evitaron mirarse. El día en que, con vértigo aterrador, sintieron que desfallecían, se abrazaron y así siguieron andando. Cayeron exhaustos al atardecer. Durmieron. Ya había amanecido cuando uno de ellos despertó sobresaltado: le faltaba parte de un muslo. El otro, que lo comía, continuó indiferente, terminó, volvió a tenderse, y como si completara un gesto irrevocable, atendió a la mano que su amigo le alargaba y le dio el cuchillo.

noch immer die Vorherrschaft, und zwar so: Im Schlaf zerstreut mich irgendein Traum, und plötzlich weiß ich, dass es ein Traum ist. Dann denke ich meistens: Das ist ein Traum, eine bloße Erfindung meines Willens, und da ich nun unbeschränkte Macht besitze, werde ich einen Tiger bewirken.

O Unzulänglichkeit! Niemals können meine Träume das ersehnte Raubtier zeugen. Zwar erscheint der Tiger, aber in Teilen oder schwächlich, oder mit unlauteren Abweichungen von der richtigen Form, oder in unzulässiger Größe, oder äußerst flüchtig, oder mit Anlehnungen an Hund oder Vogel.

Raúl Brasca
Die Durchquerung der Wüste

Sie gingen im Gleichschritt. Sie hatten einander Loyalität geschworen und dass sie alles jeweils zur Hälfte teilen würden. Als sie die Wüste erreichten, verteilten sie das Gewicht ihrer Rucksäcke so, dass beide gleich schwer waren, und sie wanderten zuversichtlich weiter. Sie beugten sich weder der Unbarmherzigkeit der Sonne noch der Rauheit der Nacht, und als der Nahrungsvorrat ausging, teilten sie das Wasser in gleiche Teile auf. Doch der Sand war endlos. Nach und nach verlangsamte sich ihr Schritt, sie sprachen nicht mehr und vermieden den Blickkontakt. An dem Tag, an dem sie ein entsetzliches Schwindelgefühl überkam und sie vor Schwäche taumelten, legten sie die Arme umeinander und gingen weiter. Am Abend fielen sie völlig erschöpft nieder. Sie schliefen ein. Es war bereits taghell, als einer der beiden bestürzt aus dem Schlaf fuhr: Ihm fehlte ein Stück Oberschenkel. Der andere, der es verzehrte, machte ungerührt weiter, bis er fertig war, legte sich dann wieder hin und, als würde er eine unausweichliche Geste zu Ende führen, wartete er auf die entgegengestreckte Hand des Freundes und reichte ihm das Messer.

Felinos

Algo sucede entre el gato y yo. Estaba mirándolo desde mi sillón cuando se puso tenso, irguió las orejas y clavó la vista en un punto muy preciso del ligustro. Yo me concentré en él tanto como él en lo que miraba. De pronto sentí su instinto, un torbellino que me arrasó. Saltamos los dos a la vez. Ahora ha vuelto al mismo lugar de antes, se ha relajado y me echa una mirada lenta como para controlar que todo está bien. Ovillado en mi sillón, aguardo expectante su veredicto. Tengo la boca llena de plumas.

Homero Carvalho Oliva
Evolución

«Al despertar Cucaracha Brown una mañana, tras un sueño intranquilo, encontróse en su cama convertido en un imperfecto humano». Y esto sí que fue un problema, pues como están las cosas en nuestra sociedad al pobre Cucaracha Brown le será muy difícil acostumbrarse a su nuevo estado. ¿Cómo se las va a arreglar, por ejemplo, para explicar que él antes era una feliz cucaracha y que, por tan sencilla razón, no posee documento de identidad, licencia de conducir, cuenta bancaria, tarjetas de crédito o algún número clave que lo identifique como persona en la cibernética central? ¿Quién le va a creer que no tenga familia, escuela, un barrio, un trabajo honrado, novia y número de teléfono? Es fácil trasladarse de domicilio y dejar abandonadas a una o más cucarachas en la casa anterior pero, ¿qué hacer con un ser humano sin prontuario policial, sin locura aparente o amnesia de-

Katzen

Etwas geschieht zwischen der Katze und mir. Ich saß in meinem Sessel und schaute zu ihr, da spannte sie ihre Muskeln an, stellte die Ohren auf und richtete den Blick auf eine ganz bestimmte Stelle im Liguster. Ich richtete meine Aufmerksamkeit auf die Katze, wie sie die ihre auf das, was sie sah. Auf einmal spürte ich ihren Instinkt, ich wurde von einem Wirbel erfasst. Wir sprangen gleichzeitig. Jetzt sitzt sie wieder an ihrem vorherigen Platz, sie hat sich entspannt und richtet einen trägen Blick auf mich, als wollte sie prüfen, ob alles in Ordnung sei. Auf dem Sessel zusammengerollt erwarte ich gespannt ihr Urteil. Mein Mund ist voller Federn.

Homero Carvalho Oliva
Evolution

«Als Kakerlak Brown eines Morgens aus unruhigem Schlaf erwachte, fand er sich in seinem Bett wieder, in ein mangelhaftes Menschenwesen verwandelt.» Und das ist echt ein Problem, denn wie die Dinge in unserer Gesellschaft stehen, wird es dem armen Kakerlak Brown sehr schwerfallen, sich an seinen neuen Zustand zu gewöhnen. Wie soll er damit fertig werden, wenn er zum Beispiel erklären muss, er sei bis dahin eine glückliche Kakerlake gewesen und habe aus diesem einfachen Grund keinen Personalausweis, keinen Führerschein, kein Bankkonto, keine Kreditkarten und auch keine Code-Nummer, die ihn bei der Kybernetikzentrale als Person ausweisen kann? Wer würde ihm glauben, dass er keine Familie, keinen Schulabschluss, kein Wohnviertel, keine anständige Arbeit, keine Freundin und keine Telefonnummer hat? Es ist ein Leichtes umzuziehen und eine oder mehrere Kakerlaken in der vorherigen Wohnung zurückzulassen, was soll aber werden aus einem Menschen ohne Eintrag ins Polizei-

clarada, sin los años necesarios para encerrarlo en un asilo de ancianos? Una cucaracha se da modos para comer desperdicios, cualquier cosa, y no dejarse pisar, sin embargo no siempre sucede lo mismo con una cucaracha que se ha despertado, perfectamente convertida en ser humano con conciencia social y orgullo ciudadano; un hombre que no sabe desempeñar oficio alguno y que prefiere morirse de hambre antes que andar mendigando un mendrugo de pan. Esto sí que es todo un problema.

José de la Colina
Una pasión en el desierto

El extenuado y sediento viajero perdido en el desierto vio que la hermosa mujer del oasis venía hacia él cargando un ánfora en la que el agua danzaba al ritmo de las caderas.

– ¡Por Alá – gritó –, dime que esto no es un espejismo!

– No – respondió la mujer, sonriendo –. El espejismo eres tú.

Y
    en un parpadeo de la mujer
        el hombre desapareció.

Ardiente

– ¿Quieres soplarme en este ojo? – me dijo ella –. Algo se metió en él que me molesta.

Le soplé en el ojo y vi su pupila encenderse como una brasa que acechara entre cenizas.

register, ohne Anzeichen von Wahnsinn oder erklärtem Gedächtnisschwund und auch nicht alt genug, um in ein Altenheim gesperrt zu werden? Eine Kakerlake schlägt sich durch, indem sie sich von allen möglichen Abfällen ernährt und sich nicht plattdrücken lässt, das gilt aber nicht unbedingt, wenn eine Kakerlake erwacht und sich ganz und gar in einen Menschen mit Sozialbewusstsein und Bürgerstolz verwandelt sieht; in einen Menschen, der nicht in der Lage ist, einen Beruf auszuüben, und lieber vor Hunger stirbt, als um Brotkrumen zu betteln. Das ist in der Tat ein echtes Problem.

José de la Colina
Eine leidenschaftliche Begegnung in der Wüste

Erschöpft und von Durst geplagt, sah der in der Wüste verirrte Reisende die schöne Oasenfrau auf sich zukommen, sie trug einen Krug, in dem das Wasser im Rhythmus ihrer Hüften tanzte.
 «Bei Allah», rief er aus, «sag mir, dass das keine Fata Morgana ist!»
 «Nein», sagte lächelnd die Frau. «Die Fata Morgana bist du.»
 Und
      mit einem Wimpernschlag der Frau
                      verschwand der Mann.

Glühend

«Würdest du mir bitte ins Auge pusten?», sagte sie. «Mir ist da etwas hineingeraten und stört mich.»
 Ich blies ihr ins Auge und sah, dass ihre Pupille aufflammte wie ein Stück Glut, das unter der Asche gelauert hatte.

Julio Cortázar
Cortísimo metraje

Automovilista en vacaciones recorre las montañas del centro de Francia, se aburre lejos de la ciudad y de la vida nocturna. Muchacha le hace el gesto usual del auto-stop, tímidamente pregunta si dirección Beaune o Tournus. En la carretera unas palabras, hermoso perfil moreno que pocas veces pleno rostro, lacónicamente a las preguntas del que ahora, mirando los muslos desnudos contra el asiento rojo. Al término de un viraje el auto sale de la carretera y se pierde en lo más espeso. De reojo sintiendo como cruza las manos sobre la minifalda mientras el terror poco a poco. Bajo los árboles una profunda gruta vegetal donde se podrá, salta del auto, la otra portezuela y brutalmente por los hombros. La muchacha lo mira como si no, se deja bajar del auto sabiendo que en la soledad del bosque. Cuando la mano por la cintura para arrastrarla entre los árboles, pistola del bolso y a la sien. Después billetera, verifica bien llena, de paso roba el auto que abandonará algunos kilómetros más lejos sin dejar la menor impresión digital porque en ese oficio no hay que descuidarse.

Elecciones insólitas

No está convencido.
 No está para nada convencido.
 Le han dado a entender que puede elegir entre una banana, un tratado de Gabriel Marcel, tres pares de calcetines de nilón, una cafetera garantida, una rubia de costumbres elásticas, o la jubilación antes de la edad reglamentaria, pero sin embargo no está convencido.

Julio Cortázar
Kürzestfilm

Autofahrer auf Urlaub durchstreift das französische Zentralmassiv, langweilt sich weit weg von Stadt und Nachtleben. Ein Mädchen macht das übliche Autostopp-Zeichen, fragt scheu, ob in Richtung Beaune oder Tournus. Auf der Fahrt ein paar Worte, schönes dunkles Profil, das selten voll zu sehen, sie einsilbig auf seine Fragen, er jetzt im Blick die nackten Oberschenkel auf dem roten Sitz. Nach einer Kurve verlässt das Auto die Straße und verschwindet im tiefsten Dickicht. Er sieht verstohlen, wie sie die Hände über dem Minirock kreuzt, während langsam der Schrecken. Unter den Bäumen tiefe Pflanzenhöhle, wo man könnte, springt aus dem Auto, zur anderen Tür und brutal an den Schultern. Das Mädchen guckt als ob nein, lässt sich aus dem Auto zerren und weiß, dass in der Einsamkeit des Waldes. Als Hand um die Taille, um sie unter die Bäume zu zerren, Pistole aus der Tasche und an die Schläfe. Dann Brieftasche, vergewissert sich, schön voll, stiehlt nebenbei das Auto, lässt es nach ein paar Kilometern stehen, nicht die Spur von Fingerabdruck, denn in diesem Beruf darf man nicht nachlässig sein.

Ungewöhnliche Wahl

Er ist unentschlossen.
  Er ist ganz und gar unentschlossen.
  Man hat ihm zu verstehen gegeben, dass er die Möglichkeit habe, zwischen einer Banane, einer Abhandlung von Gabriel Marcel, drei Paar Nylonsocken, einer Kaffeemaschine mit Garantie, einer Blondine mit lockeren Sitten oder der Frühpensionierung zu wählen, aber er traut der Sache nicht.

Su reticencia provoca el insomnio de algunos funcionarios, de un cura y de la policía local.

Como no está convencido, han empezado a pensar si no habría que tomar medidas para expulsarlo del país.

Se lo han dado a entender, sin violencia, amablemente.

Entonces ha dicho: «En ese caso, elijo la banana.»

Desconfían de él, es natural.

Hubiera sido mucho más tranquilizador que eligiese la cafetera, o por lo menos la rubia.

No deja de ser extraño que haya preferido la banana.

Se tiene la intención de estudiar nuevamente el caso.

Continuidad de los parques

Había empezado a leer la novela unos días antes. La abandonó por negocios urgentes, volvió a abrirla cuando regresaba en tren a la finca; se dejaba interesar lentamente por la trama, por el dibujo de los personajes. Esa tarde, después de escribir una carta a su apoderado y discutir con el mayordomo una cuestión de aparcerías, volvió al libro en la tranquilidad del estudio que miraba hacia el parque de los robles. Arrellanado en su sillón favorito, de espaldas a la puerta que lo hubiera molestado como una irritante posibilidad de intrusiones, dejó que su mano izquierda acariciara una y otra vez el terciopelo verde y se puso a leer los últimos capítulos. Su memoria retenía sin esfuerzo los nombres y las imágenes de los protagonistas; la ilusión novelesca lo ganó casi en seguida. Gozaba del placer casi perverso de irse desgajando línea a línea de lo que lo rodeaba, y sentir a la vez que su cabeza descansaba cómodamente en el terciopelo del alto respaldo, que los

Sein Zaudern bringt ein paar Beamte, einen Pfarrer und einen Ortspolizisten um den Schlaf.

Weil er unentschlossen ist, haben sie begonnen, sich zu fragen, ob es nicht angesagt sei, Maßnahmen zu ergreifen und ihn des Landes zu verweisen.

Sie haben es ihm zu verstehen gegeben, ohne Gewalt, freundlich.

Da sagt er: «In diesem Fall wähle ich die Banane.»

Natürlich kommt ihnen das verdächtig vor.

Es wäre weitaus beruhigender gewesen, wenn er die Kaffeemaschine oder zumindest die Blondine gewählt hätte.

Es ist wirklich seltsam, dass er die Banane vorgezogen hat.

Es wird erwogen, den Fall neu zu untersuchen.

Ineinanderfließende Parks

Er hatte vor ein paar Tagen begonnen, den Roman zu lesen. Wegen dringender Geschäfte hatte er die Lektüre unterbrochen und nahm sie auf der Rückfahrt mit dem Zug zur Finca wieder auf; nach und nach ließ er sich für die Handlung und die Darstellung der Figuren einnehmen. Nachdem er einen Brief an seinen Bevollmächtigten geschrieben und mit dem Gutsverwalter eine Pachtangelegenheit besprochen hatte, wandte er sich abends in der Ruhe seines Studierzimmers, das auf einen mit Eichen bestandenen Park hinausging, wieder dem Buch zu. Er machte es sich in seinem Lieblingssessel bequem, mit dem Rücken zur Tür, die ihn als mögliche Quelle von Störungen abgelenkt hätte; er strich mit der linken Hand ein paarmal sanft über den grünen Samt und schickte sich an, die letzten Kapitel zu lesen. Sein Gedächtnis behielt mühelos die Namen und Gesichtszüge der Protagonisten; die fiktive Welt des Romans fesselte ihn sofort. Er genoss die fast abartige Lust, sich Zeile um Zeile von seiner Umgebung zu lösen, und doch auch zu spüren, wie sein Kopf bequem auf dem Samt der hohen

cigarrillos seguían al alcance de la mano, que más allá
de los ventanales danzaba el aire del atardecer bajo
los robles. Palabra a palabra, absorbido por la sórdida
disyuntiva de los héroes, dejándose ir hacia las imágenes que se concertaban y adquirían color y movimiento, fue testigo del último encuentro en la cabaña
del monte. Primero entraba la mujer, recelosa; ahora
llegaba el amante, lastimada la cara por el chicotazo
de una rama. Admirablemente restañaba ella la sangre
con sus besos, pero él rechazaba las caricias, no había
venido para repetir las ceremonias de una pasión se-
creta, protegida por un mundo de hojas secas y senderos furtivos. El puñal se entibiaba contra su pecho,
y debajo latía la libertad agazapada. Un diálogo anhe-
lante corría por las páginas como un arroyo de ser-
pientes, y se sentía que todo estaba decidido desde
siempre. Hasta esas caricias que enredaban el cuerpo
del amante como queriendo retenerlo y disuadirlo,
dibujaban abominablemente la figura de otro cuerpo
que era necesario destruir. Nada había sido olvidado:
coartadas, azares, posibles errores. A partir de esa
hora cada instante tenía su empleo minuciosamente
atribuido. El doble repaso despiadado se interrumpía
apenas para que una mano acariciara una mejilla.
Empezaba a anochecer.

  Sin mirarse ya, atados rígidamente a la tarea que
los esperaba, se separaron en la puerta de la cabaña.
Ella debía seguir por la senda que iba al norte. Desde
la senda opuesta él se volvió un instante para verla
correr con el pelo suelto. Corrió a su vez, parapetán-
dose en los árboles y los setos, hasta distinguir en la
bruma malva del crepúsculo la alameda que llevaba a
la casa. Los perros no debían ladrar, y no ladraron. El
mayordomo no estaría a esa hora, y no estaba. Subió
los tres peldaños del porche y entró. Desde la sangre

Kopflehne ruhte, dass die Zigaretten in Reichweite lagen und hinter der Fensterfront die Abendluft unter den Eichen tanzte. Wort für Wort ließ er sich von der elenden Zwangslage der Romanhelden packen, er gab sich den Bildern hin, die sich formten und Farbe und Bewegung annahmen und wurde Zeuge der letzten Begegnung in der Waldhütte. Als Erste trat misstrauisch die Frau ein; dann kam ihr Liebhaber, dessen Gesicht ein Ast geschrammt hatte. Bewundernswert, wie die Frau mit ihren Küssen das Blut stillte, doch er entzog sich dem Kosen, er war nicht gekommen, um im Schutz von dürrem Laub und versteckten Pfaden noch einmal das Zeremoniell einer geheimen Leidenschaft zu begehen. Der Dolch wurde allmählich warm an seiner Brust, und darunter pochte geduckt die Freiheit. Ein atemloser Dialog ergoss sich über die Seiten wie ein Fluss von Schlangen, und man spürte, dass alles seit jeher bestimmt war. Selbst die Liebkosungen, die den Körper des Liebhabers umstrickten, als wollten sie ihn zurückhalten, ihn davon abbringen, ahmten niederträchtig die Form eines anderen Körpers nach, der beseitigt werden musste. Nichts wurde außer Acht gelassen: Alibis, Zufälle, mögliche Fehler. Von diesem Zeitpunkt an hatte jeder Augenblick eine peinlich genau zugeteilte Bestimmung. Das doppelte gnadenlose Überprüfen des Plans wurde höchstens unterbrochen, wenn eine Hand über eine Wange strich. Es fing an zu dämmern.

Ohne sich noch einmal anzusehen, starr auf die Aufgabe gerichtet, die sie erwartete, trennten sie sich an der Tür zur Hütte. Sie musste den Pfad nach Norden nehmen. Er wandte sich auf dem Pfad in entgegengesetzter Richtung kurz um und sah sie mit offenem Haar davonlaufen. Er lief ebenfalls, verschanzte sich hinter Bäumen und Büschen, bis er im malvenfarbenen Dunst der Abenddämmerung die Pappelallee erkannte, die zum Haus führte. Die Hunde durften nicht bellen, und sie bellten nicht. Der Verwalter sollte zu dieser Zeit nicht da sein, und er war nicht da. Er nahm die drei Treppenstufen zum Portal und

galopando en sus oídos le llegaban las palabras de la mujer: primero una sala azul, después una galería, una escalera alfombrada. En lo alto, dos puertas. Nadie en la primera habitación, nadie en la segunda. La puerta del salón, y entonces el puñal en la mano, la luz de los ventanales, el alto respaldo de un sillón de terciopelo verde, la cabeza del hombre en el silón leyendo una novela.

Marco Denevi
La verdad sobre el canario

En estado salvaje era verde y no cantaba. Domesticado, preso en una jaula, se ha vuelto amarillo y gorjea como una soprano.

Que alguien atribuya esos cambios a la melancolía del encierro y a la nostalgia de la libertad. ¡Mentira!

Yo sé que el muy cobarde antes era verde y mudo para que no lo descubrieran entre el follaje, y ahora es amarillo para confundirse con las paredes y los barrotes de oro de la jaula. Y canta porque así se conquista la simpatía cómplice del patrón.

Lo sé yo, el Gato.

La contemporaneidad y la posteridad

El miembro de la Academia caminaba por la calle rumiando su undécimo ensayo sobre Baudelaire. De pronto vio a un joven con el pelo teñido de verde, que abrazaba a una negra.

— ¡Llévense a ese amoral, a ese escandaloso, a esa lacra de la sociedad! – aullaba el académico.

trat ein. Das Blut, das in seinen Ohren hämmerte, trug ihm die Worte der Frau zu: erst ein blauer Saal, dann ein Korridor, eine mit Teppich ausgelegte Treppe. Oben zwei Türen. Niemand im ersten Zimmer, niemand im zweiten. Die Salontür, und dann, den Dolch in der Hand, das Licht von der Fensterfront, die hohe Kopflehne eines grünen Samtsessels, der Kopf des Mannes, der im Sessel sitzt und einen Roman liest.

Marco Denevi
Die Wahrheit über den Kanarienvogel

In freier Wildbahn war er grün und kein Singvogel. Gezähmt und in einen Käfig gesperrt, ist er gelb geworden und zwitschert wie eine Sopranistin.

Dass man diese Veränderungen der Melancholie der Gefangenschaft und der Sehnsucht nach der Freiheit zuschreibt – das ist eine Lüge!

Ich weiß, dass dieser Feigling früher grün und stumm war, damit er im grünen Laub nicht auffiel, und jetzt ist er gelb, um mit den Wänden und den Goldstäben des Käfigs zu verschmelzen. Und er singt, weil er damit die komplizenhafte Zuneigung des Besitzers einheimst.

Ich weiß das, ich, die Katze.

Die Zeitgenossen und die Nachwelt

Versunken in seinen elften Essay über Baudelaire ging ein Akademiemitglied die Straße entlang. Auf einmal sah er, wie ein Junge mit grün gefärbtem Haar eine Schwarze umarmte.

«Weg mit diesem Sittenlosen, Skandalösen, weg mit diesem Makel der Gesellschaft!», brüllte der Gelehrte.

Sólo se calmó cuando un policía arrestó al joven bajo la acusación de atentado contra las buenas costumbres. Entonces siguió caminando, siguió rumiando su undécimo ensayo sobre Baudelaire.

En la comisaría el joven dio su nombre:
– Charles Baudelaire.

La hormiga

Un día las hormigas, pueblo progresista, inventan el vegetal artificial. Es una papilla fría y con sabor a hojalata. Pero al menos las releva de la necesidad de salir fuera de los hormigueros en procura de vegetales naturales. Así se salvan del fuego, del veneno, de las nubes insecticidas. Como el número de hormigas es una cifra que tiende constantemente a crecer, al cabo de un tiempo hay tantas hormigas bajo tierra que es preciso ampliar los hormigueros. Las galerías se expanden, se entrecruzan, terminan por confundirse en un solo Gran Hormiguero bajo la dirección de una sola Gran Hormiga. Por las dudas, las salidas al exterior son tapiadas a cal y canto. Se suceden las generaciones. Como nunca han franqueado los límites del gran hormiguero, incurren en el error de lógica de identificarlo con el Gran Universo. Pero cierta vez una hormiga se extravía por unos corredores en ruinas, distingue una luz lejana, unos destellos, se aproxima y descubre una boca de salida cuya clausura se ha desmoronado. Con el corazón palpitante, la hormiga sale a la superficie de la tierra. Ve una mañana. Ve un jardín. Ve tallos, hojas, yemas, brotes, pétalos, estambres, rocío. Ve una rosa amarilla. Todos sus instintos despiertan bruscamente. Se abalanza sobre las plantas y empieza a talar, a cortar y a comer. Se da un atracón. Después, relamiéndose, decide volver al Gran Hormi-

Er beruhigte sich erst, nachdem ein Polizist den Jungen, unter der Anschuldigung, er bedrohe die guten Sitten, festgenommen hatte. Daraufhin setzte er seinen Spaziergang fort und brütete weiter über seinem elften Essay über Baudelaire.

Auf dem Polizeirevier gab der Junge seinen Namen an:
«Charles Baudelaire.»

Die Ameise

Eines Tages erfinden die Ameisen, ein fortschrittliches Volk, die künstliche Pflanze. Es ist ein kalter Brei mit Blechgeschmack. Aber das erlöst sie zumindest von der Notwendigkeit, zur Beschaffung natürlicher Pflanzen den Bau verlassen zu müssen. So sind sie sicher vor Feuer, Gift und Wolken von Pflanzenschutzmitteln. Da die Zahl der Ameisen dazu neigt, ständig zu wachsen, gibt es nach geraumer Zeit so viele Ameisen unter der Erde, dass ihre Bauten erweitert werden müssen. Die Gänge weiten sich aus, kreuzen sich und verschmelzen schließlich zu einem einzigen Großameisenbau unter der Führung einer einzigen Großameise. Für alle Fälle werden die Ausgänge dichtgemacht. Generationen folgen aufeinander. Da sie nie die Grenzen des Großameisenbaus überschritten haben, verfallen sie dem Trugschluss, ihn für das Großweltall zu halten. Doch eines Tages verirrt sich eine Ameise in eingestürzte Gänge, erkennt weit hinten ein Licht, ein Flimmern, dem sie sich nähert und so einen Ausgang entdeckt, dessen Absperrung verfallen ist. Mit Herzklopfen gelangt die Ameise an die Erdoberfläche. Sie sieht einen Morgen. Sieht einen Garten. Sieht Stängel, Blätter, Knospen, Triebe, Blütenblätter, Staubfäden, Tau. Sie sieht eine gelbe Rose. Ihre sämtlichen Instinkte brechen hervor. Sie fällt über die Pflanzen her und beginnt zu fällen, zu schneiden, zu fressen. Sie schlägt sich den Bauch voll. Dann putzt sie sich und beschließt, die Nachricht in den Großameisenbau zu bringen. Sie geht auf ihre Schwestern zu,

guero con la noticia. Busca a sus hermanas, trata de explicarles lo que ha visto, grita: «*Arriba ... luz ... jardín ... hojas ... verde ... flores ...*» Las demás hormigas no comprenden una sola palabra de aquel lenguaje delirante, creen que la hormiga ha enloquecido y la matan.

(Escrito por Pavel Vodnik un día antes de suicidarse. El texto de la fábula apareció en el número 12 de la revista *Szpilki* y le valió a su director, Jerzy Kott, una multa de cien znacks).

El precursor de Cervantes

Vivía en el Toboso una moza llamada Aldonza Lorenzo, hija de Lorenzo Corchelo, sastre, y de su mujer Francisca Nogales. Como hubiese leído numerosísimas novelas de éstas de caballería, acabó perdiendo la razón. Se hacía llamar Doña Dulcinea del Toboso, mandaba que en su presencia las gentes se arrodillasen, la tratasen de Su Grandeza y le besasen la mano. Se creía joven y hermosa, aunque tenía no menos de treinta años y las señales de la viruela en la cara. También inventó un galán, al que dio el nombre de Don Quijote de la Mancha. Decía que Don Quijote había partido hacia lejanos reinos en busca de aventuras, lances y peligros, al modo de Amadís de Gaula y Tirante el Blanco. Se pasaba todo el día asomada a la ventana de su casa, esperando la vuelta de su enamorado. Un hidalgüelo de los alrededores, que la amaba, pensó hacerse pasar por Don Quijote. Vistió un vieja armadura, montó en un rocín y salió a los caminos a repetir las hazañas del imaginario caballero. Cuando, seguro del éxito de su ardid, volvió al Toboso, Aldonza Lorenzo había muerto de tercianas.

will ihnen erklären, was sie gesehen hat, sie stammelt: «Da oben ... Licht ... Garten ... Blätter ... grün ... Blumen ...» Die anderen Ameisen verstehen kein Wort von diesem närrischen Gefasel, sie glauben, diese Ameise sei übergeschnappt und töten sie.

(Von Pavel Vodnik einen Tag vor seinem Selbstmord verfasst. Der Text dieser Fabel erschien in der Nummer 12 der Zeitschrift ‹Szpilki› und brachte ihrem Direktor, Jerzy Kott, eine Buße von hundert Znacks ein).

Cervantes' Vorläufer

In Toboso lebte ein Mädchen, mit Namen Aldonza Lorenzo, Tochter des Lorenzo Corchelo, Schneider, und seiner Frau, Francisca Nogales. Weil sie unzählige Ritterromane gelesen hatte, verlor sie schließlich den Verstand. Sie ließ sich Doña Dulcinea von Toboso nennen und befahl den Leuten, in ihrer Gegenwart niederzuknien, sie als Eure Hoheit anzusprechen und ihr die Hand zu küssen. Sie wähnte sich jung und schön, dabei zählte sie nicht weniger als dreißig Jahre und hatte Pockennarben im Gesicht. Sie ersann sich auch einen Galan, dem sie den Namen Don Quijote de la Mancha gab. Sie sagte, Don Quijote habe sich auf der Suche nach Abenteuern, Gefechten und Gefahren in ferne Reiche begeben, wie Amadis von Gallien und Tirant lo Blanc es getan hatten. Den ganzen Tag verbrachte sie am Fenster und wartete auf die Rückkehr ihres Geliebten. Ein Dorfjunker aus der Umgebung, der in sie verliebt war, kam auf die Idee, sich als Don Quijote auszugeben. Er legte eine alte Rüstung an, bestieg einen klapprigen Gaul und machte sich auf, die Heldentaten des eingebildeten Ritters nachzuahmen. Als er sich des Erfolgs seiner List sicher war und nach Toboso zurückkehrte, war Aldonza Lorenzo an Wechselfieber gestorben.

Manuel Díaz Martínez
El otro

Me pidió permiso para sentarse a mi mesa y se sentó. Un surco ennegrecido le cruzaba la garganta. No pude evitar el calosfrío.

– ¿Le llama la atención mi cicatriz? – preguntó el joven.

– ¡Ah, no! – fue mi hipócrita respuesta.

– Es una desgracia que aún me tortura. Al final de la guerra me hicieron prisionero y un oficial me sableó. Me dieron por muerto, me abandonaron.

– ¿Al final de qué guerra?

– De la guerra contra España.

– ¿Cómo?

– De la guerra contra España.

Llamé al camarero. Le pedí la cuenta y agregué:

– Mire a ver qué desea tomar el señor.

– ¿Qué señor? – masculló el camarero.

Antonio Di Benedetto
La verdadera historia del pecado original

A la luz de los conocimientos científicos modernos, se ha establecido que no fue la serpiente la que indujo a Eva a brindar su manzana a Adán.

En realidad, Eva dormía en el huerto del paraíso, a la sombra del manzano, cuando el fruto prohibido se desprendió y cayó, por la ley de gravedad que Newton enunciaría más adelante.

No sólo la golpeó con dureza, sino que la sacó de sus virginales sueños de doncella.

Manuel Díaz Martínez
Der Andere

Er bat um die Erlaubnis, sich an meinen Tisch setzen zu dürfen, und setzte sich. Eine schwarz angelaufene Furche zog sich über seinen Hals. Ich konnte ein Schaudern nicht unterdrücken.
 «Sie haben wohl meine Narbe bemerkt?», fragte der junge Mann.
 «Aber nein!», sagte ich scheinheilig.
 «Das ist ein Unglück, das mich immer noch peinigt. Bei Kriegsende nahmen sie mich gefangen und ein Offizier versetzte mir einen Säbelhieb. Sie hielten mich für tot und ließen mich liegen.»
 «Am Ende von welchem Krieg?»
 «Vom Krieg gegen Spanien.»
 «Wie bitte?»
 «Vom Krieg gegen Spanien.»
 Ich rief nach dem Kellner, verlangte die Rechnung und fügte hinzu:
 «Schauen Sie doch bitte, was dieser Herr wünscht.»
 «Was für ein Herr?», brummte der Kellner.

Antonio Di Benedetto
Die wahre Geschichte der Erbsünde

Im Lichte der modernen wissenschaftlichen Erkenntnisse hat sich erhärtet, dass es nicht die Schlange war, die Eva dazu verleitete, Adam den Apfel anzubieten.
 In Wirklichkeit schlief Eva im Garten Eden im Schatten des Apfelbaums, als die verbotene Frucht sich löste und gemäß dem Gesetz der Schwerkraft, das Newton später formulieren sollte, herunterfiel.
 Der Apfel traf Eva nicht nur hart, er riss sie auch aus ihren jungfräulichen Mädchenträumen.

En su vecindad, Adán aguardaba que ella despertara, para invitarla, como todas las tardes, a inocentes juegos. Pero Eva lo creyó culpable: supuso que él, inmoderado en sus travesuras, le había arrojado la manzana a la cabeza. Entonces, furiosa, le gritó:

— ¡Te la vas a comer!

Él, intimidado, se la comió. Ella quedó satisfecha. Pero ya habían pecado.

Salvador Elizondo
Aviso

i. m. Julio Torri

La isla prodigiosa surgió en el horizonte como una crátera colmada de lirios y de rosas. Hacia el mediodía comencé a escuchar las notas inquietantes de aquel canto mágico.

Había desoído los prudentes consejos de la diosa y deseaba con toda mi alma descender allí. No sellé con panal los laberintos de mis orejas ni dejé que mis esforzados compañeros me amarraran al mástil.

Hice virar hacia la isla y pronto pude distinguir sus voces con toda claridad. No decían nada; solamente cantaban. Sus cuerpos relucientes se nos mostraban como una presa magnífica.

Entonces decidí saltar sobre la borda y nadar hasta la playa.

Y yo, oh dioses, que he bajado a las cavernas de Hades y que he cruzado el campo de asfódelos dos veces, me vi deparado a este destino de un viaje lleno de peligros.

Cuando desperté en brazos de aquellos seres que el deseo había hecho aparecer tantas veces de

In der Nähe wartete Adam auf ihr Erwachen, um sie wie jeden Nachmittag zu arglosen Spielen einzuladen. Doch Eva hielt ihn für den Schuldigen. Da er beim Scherzen oft übermütig wurde, nahm sie an, er habe ihr den Apfel an den Kopf geworfen. Wütend zischte sie ihn an:

«Du wirst ihn essen!»

Eingeschüchtert aß Adam den Apfel. Sie war zufrieden. Aber sie hatten bereits gesündigt.

Salvador Elizondo
Warnung

i. m. Julio Torri

Die wunderbare Insel tauchte wie ein mit Rosen und Lilien prallgefüllter Krug am Horizont auf. Gegen Mittag begann ich die beunruhigenden Klänge jenes magischen Gesangs zu vernehmen.

Ich hatte die klugen Ratschläge der Göttin in den Wind geschlagen und wünschte mir aus tiefster Seele, dorthin zu gelangen. Ich wollte das Labyrinth meiner Ohren nicht mit Wachs versiegeln und ließ nicht zu, dass meine tapferen Gefährten mich an den Mast banden.

Ich befahl, Kurs auf die Insel zu nehmen, und bald konnte ich ihre Stimmen deutlich hören. Sie sagten nichts; sie sangen nur. Ihre glänzenden Leiber erschienen uns als wunderbare Beute.

Da beschloss ich, über Bord zu springen und an den Strand zu schwimmen.

Und ich, o Götter, der ich in die Höhlen des Hades hinabgestiegen war und zweimal den Asphodeliengrund durchquert hatte, sah mich dem Schicksal einer Reise voller Gefahren ausgesetzt.

Als ich in den Armen jener Wesen erwachte, welche die Sehnsucht in den langen Nachtwachen der Belagerung so

este lado de mis párpados durante las largas vigías del asedio, era presa del más grande espanto. Lancé un grito afilado como una jabalina.

Oh dioses, yo que iba dispuesto a naufragar en un jardín de delicias, cambié libertad y patria por el prestigio de la isla infame y legendaria.

Sabedlo, navegantes: el canto de las sirenas es estúpido y monótono, su conversación aburrida e incesante; sus cuerpos están cubiertos de escamas, erizados de algas y sargazo. Su carne huele a pescado.

Juan Armando Epple
Abecedario

El Coronel rasga el sobre y lee, con su habitual gesto inexpresivo. Se pone de pie, va hacia la ventana, y rompe la nota en pedacitos, mientras se hace oír por el soldado:

– En tiempo de los romanos, cuando un mensajero traía malas noticias, era costumbre pasarlo por las armas. ¿Usted ha leído algo de historia?

Se vuelve hacia el soldado, con una sonrisa interrogante.

– No, mi coronel, pero sé leer cartas –responde el mensajero, sacando su pistola.

Tareas gramaticales

A Jorge Gilbert

El Presidente en ejercicio, que se ha adiestrado por décadas en los trucos del poder, telegrafía desde sus vacaciones tácticas en Miami a su Ministro del Interior: «secretaría del Interior encárguese convocato-

häufig vor meinem inneren Auge hatte erstehen lassen, packte mich ein heilloser Schrecken. Mir entfuhr ein Schrei, scharf wie ein Speer.

O Götter – der ich bereit war in einem Garten der Freuden zu stranden, tauschte Freiheit und Heimat gegen das Blendwerk der schmählichen und sagenhaften Insel.

Ich sage euch, ihr Seefahrer: Der Gesang der Sirenen ist stumpfsinnig und eintönig, ihr Gespräch langweilig und ohne Ende; ihr Körper ist mit Schuppen bedeckt und starrt vor Algen und Beerentang. Ihr Fleisch riecht nach Fisch.

Juan Armando Epple
Abc

Der Oberst schlitzt den Briefumschlag auf und liest mit der ihm üblichen unbewegten Miene. Er steht auf, geht zum Fenster und reißt die Notiz in kleine Fetzen, wobei er so spricht, dass der Soldat ihn hört:

«Zur Zeit der Römer war es Brauch, den Überbringer einer schlechten Nachricht auf der Stelle zu töten. Haben Sie eine Ahnung von Geschichte?»

Er wendet sich mit einem fragenden Lächeln dem Soldaten zu.

«Nein, Herr Oberst, aber ich kann Briefe lesen», antwortet der Bote und zieht die Pistole.

Grammatikaufgaben

Für Jorge Gilbert

Der amtierende Präsident, der sich jahrzehntelang in den Tricks der Macht geübt hat, telegrafiert aus dem aus taktischen Gründen anberaumten Urlaub in Miami seinem Innenminister: «Sekretariat des Innern Ausschreibung Wahlen übernehmen,

ria elecciones, usted sabe: anuncios prensa, seleccionar candidato oposición de confianza, ayuda discreta, presidente ausente razones de estado, tapabocas rumores intervención electoral, pronunciamiento fuerzas vivas, destacar comportamiento cívico ciudadanía, distinto tropicalismo otros países, resultados transparentes, no exagerar porcentajes».

El Ministro del Interior, que también se ha ejercitado en los trucos del poder, telegrafía desde su puesto de trabajo: «elección presidencial convocada plazos fijados, fuerzas vivas movilizadas, comportamiento cívico ejemplar, candidatos empatados, letra y espíritu Constitución indica ante ausencia jefe de estado asumirá presidencia Ministro del Interior. Para constancia firman jefes fuerzas armadas».

Medidas de tiempo

Cuántas veces, fumando un cigarrillo, he decidido la suerte de un hombre, piensa Ubico, aspirando la primera bocanada de la mañana.

Mira con gesto displicente al prisionero, que espera tenso frente al pelotón. Qué pensará él en este momento, se pregunta el dictador, golpeando con el meñique el cigarrillo para dejar caer la pavesa.

Cuánto tarda el tabaco, piensa el prisionero.

Luis Luis Fayad
Reencuentro con una mujer

La mujer le dejó saber con la mirada que quería decirle algo. Leoncio accedió, y cuando ella se apeó del bus él la siguió. Fue tras ella a corta pero discreta dis-

Sie wissen: Anzeigen Presse, verlässlichen Oppositionskandidaten bestimmen, diskrete Hilfe, Präsident abwesend aufgrund von Staatsgeschäften, Gerüchte von Stimmenfang zerstreuen, einflussreiche Kräfte mobilisieren, ziviles Verhalten Bevölkerung hervorheben, anderer ‹Tropikalismus› als übrige Länder, transparente Ergebnisse, Prozentzahlen nicht übertreiben».

Der Innenminister, der sich mit den Tricks der Macht ebenfalls gut auskennt, telegrafiert von seinem Arbeitsplatz aus: «Präsidentschaftswahlen ausgeschrieben, Fristen gesetzt, einflussreiche Kräfte mobilisiert, ziviles Verhalten beispielhaft, Wahlergebnis Pattsituation, laut Text und Geist Verfassung übernimmt in Abwesenheit von Staatschef Innenminister Präsidentschaft. Zur Bestätigung unterzeichnen Befehlshaber Streitkräfte.»

Zeitmaße

Wie oft habe ich beim Rauchen das Schicksal eines Menschen besiegelt, denkt Ubico beim ersten Zug der Morgenzigarette.

Mit verdrießlicher Miene blickt er auf den Gefangenen, der in angespannter Haltung vor dem Erschießungskommando steht. Was denkt er wohl in diesem Augenblick, fragt sich der Diktator, während er mit dem kleinen Finger an die Zigarette tippt, um die Asche zu lösen.

Wie lange so eine Zigarette braucht, denkt der Gefangene.

Luis Fayad
Wiederbegegnung mit einer Frau

Die Frau gab ihm mit einem Blick zu verstehen, dass sie ihm etwas mitteilen wollte. Leoncio willigte ein, und als sie aus dem Bus stieg, tat er es ebenfalls. Er folgte ihr in geringem

tancia, y luego de alejarse a un lugar solitario la mujer se volvió. Sostenía con mano firme una pistola. Leoncio reconoció entonces a la mujer ultrajada en un sueño y descubrió en sus ojos la venganza.

– Todo fue un sueño – le dijo –. En un sueño nada tiene importancia.

La mujer no bajó la pistola.

– Depende de quién sueñe.

Un personaje en apuros

Las aventuras del personaje concentraban la atención de Leoncio en las páginas de la novela. El personaje huía de varios hombres armados por callejuelas oscuras, saltando tapias, introduciéndose en matorrales salvadores. Leoncio se aferraba al libro. Los hombres acortaban la distancia con esfuerzo pues el personaje huía con habilidad, hasta que lograron cercarlo y entre todos se dispusieron a concluir su propósito. Leoncio no pudo contenerse.

–¡Deténganse! – gritó.

La escena quedó inmóvil. El personaje miró a Leoncio con agradecimiento y con pesar, disculpándose por no poder recibirle su angustia protectora, y se enfrentó a sus perseguidores.

Abstand, aber dennoch unauffällig. Als sie an einen einsamen Ort gelangten, drehte sich die Frau um. Mit sicherer Hand hielt sie eine Pistole. Jetzt erkannte Leoncio die Frau, die er im Traum missbraucht hatte und sah den Durst nach Rache in ihren Augen.

«Es war bloß ein Traum», sagte er. «In einem Traum ist nichts von Belang.»

Die Frau ließ die Pistole nicht sinken.

«Je nachdem, wer träumt.»

Ein Protagonist in der Klemme

Die Abenteuer des Protagonisten hielten Leoncios Aufmerksamkeit an die Seiten des Romans gefesselt. Der Protagonist floh vor mehreren bewaffneten Männern durch dunkle Gassen, er sprang über Gartenmauern, schlug sich ins schützende Gebüsch. Leoncio klammerte sich an das Buch. Mit Mühe rückten die Männer näher, denn der Protagonist wusste sich geschickt zu helfen, bis sie es schafften, ihn einzukreisen, und sich anschickten, ihr Vorhaben zu Ende zu bringen. Leoncio konnte sich nicht beherrschen.

«Halt!», rief er.

Die Szene erstarrte. Der Protagonist sah Leoncio dankbar und mit Bedauern an, als entschuldigte er sich dafür, dass er seine Schutz bietende Beklemmung nicht annehmen konnte und stellte sich den Verfolgern.

Eduardo Galeano
1976, Libertad: pájaros prohibidos

Los presos políticos uruguayos no pueden hablar sin permiso, silbar, sonreír, cantar, caminar rápido ni saludar a otro preso. Tampoco pueden dibujar ni recibir dibujos de mujeres embarazadas, parejas, mariposas, estrellas ni pájaros.

Didaskó Pérez, maestro de escuela, torturado y preso por tener *ideas ideológicas,* recibe un domingo la visita de su hija Milay, de cinco años. La hija le trae un dibujo de pájaros. Los censores se lo rompen a la entrada de la cárcel.

Al domingo siguiente, Milay le trae un dibujo de árboles. Los árboles no están prohibidos, y el dibujo pasa. Didaskó le elogia la obra y le pregunta por los circulitos de colores que aparecen en las copas de los árboles, muchos pequeños círculos entre las ramas:

– ¿Son naranjas? ¿Qué frutas son?

La niña lo hace callar:

– Ssshhhh.

Y en secreto le explica:

– Bobo. ¿No ves que son ojos? Los ojos de los pájaros que te traje a escondidas.

Celebración de la fantasía

Fue a la entrada del pueblo de Ollantaytambo, cerca del Cuzco. Yo me había desprendido de un grupo de turistas y estaba solo, mirando de lejos las ruinas de piedra, cuando un niño del lugar, enclenque, haraposo, se acercó a pedirme que le regalara una lapicera. No podía darle la lapicera

Eduardo Galeano
1976, Freiheit: verbotene Vögel

Die uruguayischen politischen Gefangenen dürfen nicht ohne Erlaubnis sprechen, pfeifen, lächeln, singen, laufen oder einen anderen Gefangenen grüßen. Sie dürfen auch keine Zeichnungen mit schwangeren Frauen, Paaren, Schmetterlingen, Sternen und Vögeln anfertigen oder entgegennehmen.

Didaskó Pérez, Volksschullehrer, *ideologischer Ideen* wegen gefoltert und eingesperrt, bekommt eines Sonntags Besuch von seiner fünfjährigen Tochter Milay. Das Mädchen bringt ihm eine Zeichnung mit Vögeln mit. Die Aufseher zerreißen sie am Gefängniseingang.

Am Sonntag darauf bringt Milay ihrem Vater eine Zeichnung mit Bäumen mit. Bäume sind nicht verboten und die Zeichnung kommt durch. Didaskó lobt das Kunstwerk und fragt nach der Bedeutung der kleinen farbigen Kreise, die in den Baumkronen aufscheinen, viele winzige Kreise in den Zweigen:

«Sind es Orangen? Was für Früchte sind es?»
Das Mädchen bringt ihn zum Schweigen:
«Schschschsch.»
Heimlich erklärt es ihm:
«Du Dummerjan. Siehst du denn nicht, dass es Augen sind? Die Augen der Vögel, die ich dir heimlich mitgebracht habe.»

Lob der Phantasie

Es geschah am Dorfeingang von Ollantaytambo, in der Nähe von Cuzco. Ich hatte mich von einer Touristengruppe abgesetzt, war allein und betrachtete aus der Entfernung die Ruinen, als ein kränkliches und in Lumpen gekleidetes Kind aus dem Ort zu mir kam und mich bat, ihm einen Kugelschreiber zu schenken. Ich konnte ihm den meinen nicht abtreten, weil

que tenía, porque la estaba usando en no sé qué aburridas anotaciones, pero le ofrecí dibujarle un cerdito en la mano.

Súbitamente, se corrió la voz. De buenas a primeras me encontré rodeado de un enjambre de niños que exigían, a grito pelado, que yo les dibujara bichos en sus manitas cuarteadas de mugre y frío, pieles de cuero quemado: había quien quería un cóndor y quien una serpiente, otros preferían loritos o lechuzas, y no faltaban los que pedían un fantasma o un dragón.

Y entonces, en medio de aquel alboroto, un desamparadito que no alzaba más de un metro del suelo, me mostró un reloj dibujado con tinta negra en su muñeca:

– Me lo mandó un tío mío, que vive en Lima –dijo.

– ¿Y anda bien? – le pregunté.

– Atrasa un poco – reconoció.

Angélica Gorodischer
AYYYY

Sonó el timbre y ella fue a abrir la puerta. Era su marido.

– ¡Ayyyy! – gritó ella – ¡pero si vos estás muerto!

Él sonrió, entró y cerró la puerta. Se la llevó al dormitorio mientras ella seguía gritando, la puso en la cama, le sacó la ropa e hicieron el amor. Una vez. Dos veces. Tres. Una semana entera, mañana, tarde y noche haciendo el amor divina, maravillosa, estupendamente.

Sonó el timbre y ella fue a abrir la puerta. Era la vecina.

– ¡Ayyyyy! – gritó la vecina –, ¡pero si vos estás muerta! – y se desmayó.

ich ihn gerade für irgendwelche langweiligen Notizen benötigte, schlug aber vor, ihm ein kleines Schwein auf die Hand zu zeichnen.

Das machte schnell die Runde. Und schon sah ich mich von einem Schwarm Kinder umgeben, die mit großem Geschrei darauf pochten, dass ich ihnen Viecher auf die von Schmutz und Kälte rissigen Hände zeichnete, deren Haut wie verbranntes Leder aussah. Einer wollte einen Kondor haben, ein anderer eine Schlange, wieder andere zogen Papageien oder Eulen vor, und es fehlten auch nicht solche, die ein Gespenst oder einen Drachen verlangten.

Und dann, mitten in diesem Tumult, zeigte mir ein kleiner verwahrloster Junge, der kaum einen Meter maß, eine mit schwarzer Tinte auf das Handgelenk gezeichnete Uhr:

«Ein Onkel von mir, der in Lima wohnt, hat sie mir geschickt», sagte er.

«Und ist sie genau?» wollte ich wissen.

«Sie geht ein wenig nach», räumte er ein.

Angélica Gorodischer
Oje, oje!

Es klingelte und sie öffnete die Tür. Es war ihr Mann.

«Oje!», rief sie aus, «aber du bist doch tot!»

Er lächelte, trat ein und schloss die Tür. Er zog sie ins Schlafzimmer, während sie weiterhin schrie, legte sie aufs Bett, zog sie aus, und sie liebten sich. Einmal. Zweimal. Dreimal. Eine ganze Woche, morgens, nachmittags und nachts liebten sie sich, göttlich, wunderbar, fabelhaft.

Es klingelte, sie öffnete die Tür. Es war die Nachbarin.

«Oje!», rief die Nachbarin, «aber du bist doch tot!», und fiel in Ohnmacht.

Ella se dio cuenta de que hacía una semana que no se levantaba de la cama para nada, ni para comer ni para ir al baño. Se dio vuelta y ahí estaba su marido, en la puerta del dormitorio:

– ¿Vamos yendo, querida? –dijo y sonreía.

Felisberto Hernández
Los teósofos

Los teósofos juegan al gallo ciego y si abrazan el tronco de un árbol, dicen que es el talle de una joven, y si les sacan el pañuelo de los ojos, dicen que la joven se convirtió en árbol, y si les muestran la joven, dicen que es la reencarnación, y si la joven dice que no, dicen que es falta de fe.

Deliberación de los Dioses

Los Dioses estaban en la Luna. Allí habían instalado su cámara. Discutían el problema de la reencarnación. Había varias tendencias. Ya en la Tierra creían poco en la reencarnación. Sin embargo había que aprovechar la lección, el castigo. Además el control era más fácil cuando menos penados hubiera: el problema de los vivos era más cómodo.

Se resolvió practicar la reencarnación.

Der Frau wurde klar, dass sie seit einer Woche das Bett nicht mehr verlassen hatte, weder zum Essen noch, um auf die Toilette zu gehen. Sie drehte sich um, da stand ihr Mann in der Schlafzimmertür:

«Gehen wir so langsam, Liebling?», sagte er lächelnd.

Felisberto Hernández
Die Theosophen

Die Theosophen spielen «Blinde Kuh», und umarmen sie dabei einen Baumstamm, sagen sie, es sei die Taille eines Mädchens; nimmt man ihnen die Binde von den Augen, behaupten sie, das Mädchen habe sich in einen Baum verwandelt, und zeigt man ihnen das Mädchen, sagen sie, es sei seine Reinkarnation, und sagt das Mädchen nein, halten sie es für Ungläubigkeit.

Götterbeschluss

Die Götter befanden sich auf dem Mond. Sie hatten dort ihren Versammlungsort eingerichtet. Sie erörterten das Problem der Wiedergeburt. Es gab unterschiedliche Meinungen. Auf der Erde wurde nicht mehr so recht an die Wiedergeburt geglaubt. Man sollte sich jedoch die Lehre, das heißt die Strafe, zu Nutze machen. Außerdem war die Kontrolle einfacher, wenn es weniger Bestrafte gab: Die Lebenden waren das kleinere Problem.

Also wurde beschlossen, die Wiedergeburt zu praktizieren.

Sufragio

… En un gran salón habían hecho una pequeña repartición y allí se encerraba el que votaba. Era entre dos listas que había que elegir para poner en los sobres. A pesar de eso, algunos tardaban un ratito en salir. Eran los que tenían cara de más inteligentes. Después llegó un hombre muy extraño que me pareció el más inteligente de todos. Al rato de haber entrado y cuando todos pensábamos que saldría, se oyeron pasos reposados, acompañados de sus vueltitas de cuando en cuando. Pasó un rato más y los pasos no cesaban, pero de pronto cesaron y se sintió caer en el piso una moneda chica, de las que tienen sol y número.

Cultura Ijca, Colombia
Un origen

Había dos indiecitos, hombre y mujer, que eran muy pobres y les hacían el trabajo a los demás indios. Esos indiecitos fueron guardando en un calabazo pedacitos de comida, de todo lo que comían los demás hombres. Esa comida se pudrió y de ahí nació una cucaracha. De esa cucaracha nacieron muchas cucarachas más y andaban por todas partes. Había tantas que los indios resolvieron matarlas y mataron todas menos una que se escondió en un agujerito. Entonces vino Mama Seukún y dijo que no la mataran, que esas cucarachas eran muy raras y formó una mujer de la cucaracha que quedaba. Esa mujer tuvo muchos hijos, que son los civilizados, que se regaron por todas partes como las cucarachas.

Wahlen

… In einem großen Saal wurde ein kleines Abteil eingerichtet, und darin schloss sich der Wähler ein. Man musste zwischen zwei Listen wählen und eine davon in den Umschlag stecken. Trotzdem dauerte es bei einigen eine Weile, bis sie wieder herauskamen. Es waren diejenigen, die sich einen klügeren Anstrich gaben. Dann kam ein seltsamer Mann, den ich für den Klügsten hielt. Als er schon eine ganze Weile drin war und wir alle dachten, er würde herauskommen, hörten wir ihn gemessenen Schrittes auf und ab gehen. Wieder verstrich eine Weile, und die Schritte waren weiterhin zu vernehmen, doch plötzlich hielten sie inne, und man hörte in dem Abteil eine kleine Münze auf den Boden fallen, eine von denen mit Sonne und Zahl.

Aus der Kultur der Ijca, Kolumbien
Eine Abstammung

Einst lebten zwei kleine Indios, Mann und Frau, die waren sehr arm, und sie erledigten für die anderen Indios die Arbeit. Diese kleinen Indios legten jeweils kleine Häppchen in eine Kalebasse, und zwar von allem, was die anderen Menschen aßen, etwas. Diese Speisen verwesten, und daraus entstand eine Kakerlake. Aus dieser einen Kakerlake gingen viele hervor, und sie waren überall. Ihre Zahl war so groß, dass die Indios beschlossen, sie zu töten; sie töteten alle bis auf eine, die sich in ein kleines Loch verkrochen hatte. Da erschien Mutter Seukún und sagte, sie sollten sie nicht töten, diese Kakerlaken seien einzigartig, und sie formte aus der einen, die überlebt hatte, eine Frau. Sie bekam viele Kinder, die zivilisierten Menschen nämlich, die sich überall verbreitet haben, wie die Kakerlaken.

Fernando Iwasaki
La soledad

Abuela me dijo que no despertara a mis padres, me quitó el pijama y me puso el trajecito de organza, el que más me gustaba. Mientras me peinaba me pidió que rezara tres padrenuestros, pero no me hizo coletas sino un moño de señora. «Porque ya eres mayor», me abrazó, y se olvidó de decirme si estaba guapa. Después de la misa me cambió de ropa y me mandó a jugar. Había muchas flores.

Cosas que se mueven solas

Yo no quería quedarme a dormir en casa de mi abuela, pues en este caserón hay más cuartos clausurados que habitaciones disponibles. Cada vez que alguien de la familia muere, la puerta se cierra con llave y se tapia con unos listones de madera negra donde abuela manda escribir el nombre del fallecido. Aquí están el cuarto de mi abuelo, los de mis tíos, los de los bisabuelos y hasta el de una criada que enloqueció y que nos maldijo a todos antes de morir. O al menos eso dice mi abuela y se persigna sobrecogida. Mi madre jura que de chica sentía cómo se movían las cosas dentro de las habitaciones cerradas y mi padre no ha querido volver a dormir en esta casa desde que una noche oyó que alguien rasguñaba los tabiques de los cuartos clausurados. ¿Entonces por qué me obligan a quedarme aquí cuando se van al cine? Abuela está sorda y no me escucha. No se ha dado cuenta de que me han echado llave, que están clavando algo en la puerta y que me dicen cosas horribles.

Fernando Iwasaki
Die Einsamkeit

Großmutter sagte, ich dürfe meine Eltern nicht wecken, sie zog mir den Schlafanzug aus und legte mir das Kleidchen aus Organza an, mein Lieblingskleid. Beim Kämmen hieß sie mich drei Vaterunser beten, sie machte mir aber keine Zöpfe, sondern einen Haarknoten wie Frauen ihn tragen: «Weil du jetzt schon groß bist.» Sie umarmte mich und vergaß zu sagen, ob ich hübsch aussehe. Nach dem Gottesdienst zog sie mich um und schickte mich spielen. Überall waren Blumen.

Dinge, die sich von selbst bewegen

Ich wollte nicht bei meiner Großmutter übernachten, denn in ihrem großen Haus gibt es mehr verriegelte als zugängliche Zimmer. Wenn jemand von der Familie stirbt, wird die Tür seines Zimmers abgeschlossen und mit schwarzen Holzlatten versperrt, worauf Großmutter den Namen des Verstorbenen schreiben lässt. Da gibt es das Zimmer meines Großvaters, die Zimmer meiner Tanten, die der Urgroßeltern und sogar das Zimmer des Dienstmädchens, das den Verstand verloren und uns alle vor ihrem Tod verflucht hatte. Das behauptet zumindest meine Großmutter und bekreuzigt sich entsetzt. Meine Mutter schwört, sie habe als Kind gespürt, wie sich die Dinge in den verschlossenen Zimmern bewegten, und mein Vater wollte seit jener Nacht, als er gehört hatte, wie jemand an den Wänden der verschlossenen Zimmer kratzte, nicht mehr in diesem Haus schlafen. Warum zwingen sie mich dann, hierzubleiben, wenn sie ins Kino gehen? Großmutter ist taub und hört mich nicht. Sie hat nicht gemerkt, dass sie mich eingeschlossen haben, dass sie jetzt etwas an die Tür nageln und schreckliche Dinge zu mir sagen.

Enrique Jaramillo Levi
El globo

Aburrido, sin motivo especial, compré un hermoso globo negro y seguí caminando lentamente por las veredas internas del bosque, alejándome lo más posible del bullicio. Era un domingo soleado, semejante a cualquier otro en primavera.

Llegué a una explanada colmada de gente que iba y venía en todas direcciones. No pude tomar otro rumbo y continué la marcha abriéndome paso a veces a empujones. El globo se columpiaba lánguido frente a mis pasos y casi daba la impresión de que se movía libremente y en forma horizontal, sin que estuviera sujeto al hilo no muy largo que yo tenía en la mano.

En cierto momento olvidé figuras, voces y olores a mi alrededor y me dediqué a observar el desplazamiento continuo que frente a mí realizaba el globo. Poco después, éste se convirtió en un elemento tan importante que yo dejé de tener conciencia plena de mi ser.

Cuando volví a retomarla estábamos ya frente al lago. Fue horrible, pero de pronto sentí que no era más que un grano sin contornos en aquel deambular de gentes por todas partes, ignorado aliento sin dirección. Tuve la impresión de no estar sujeto a la gravedad porque me estaba desmaterializando. Sobre todo al mirar hacia abajo y no verme por sitio alguno entre la confusa masa de colores desplazándose en espirales lentos.

Enrique Jaramillo Levi
Der Ballon

Lustlos und ohne bestimmten Grund, kaufte ich mir einen schönen schwarzen Ballon und spazierte gemächlich auf den Waldwegen weiter, entfernte mich, so gut es ging, vom Lärm. Es war ein sonniger Sonntag wie jeder beliebige Sonntag im Frühling.

Ich stieß auf ein ebenes, von Menschen überfülltes Gelände; von überallher kamen sie und gingen in alle Richtungen weiter. Es war unmöglich, eine andere Richtung einzuschlagen, ich musste mir einen Weg durch die Menge bahnen. Der Ballon schaukelte träge vor mir her, es machte fast den Eindruck, als schwebte er frei geradeaus, als wäre er nicht an dem Stück Schnur befestigt, das ich in der Hand hielt.

Irgendwann vergaß ich die Gestalten, Stimmen und Gerüche rundherum und konzentrierte mich auf die stetige Fortbewegung des Ballons vor mir. Bald wurde mir diese Beschäftigung so wichtig, dass ich mir meiner selbst nicht mehr voll bewusst war.

Als ich wieder zu mir kam, standen wir bereits vor dem See. Es war schrecklich, auf einmal war mir, als sei ich nur ein verlorenes Korn in diesem allgegenwärtigen Menschenfluss, ein unbeachteter, richtungsloser Hauch. Ich hatte das Gefühl, nicht mehr an die Schwerkraft gebunden zu sein, denn ich war dabei, mich zu verflüchtigen. Vor allem als ich nach unten blickte und mich nirgends ausmachen konnte in der wirren Masse von Farben, die sich in trägen Spiralen fortbewegte.

Gabriel Jiménez Emán
Los brazos de Kalym

Kalym se arrancó los brazos y los lanzó a un abismo. Al llegar a su casa, su mujer le preguntó sorprendida: «¿Qué has hecho con tus brazos?».

– Me cansé de ellos y me los arranqué – respondió Kalym.

– Tendrás que ir a buscarlos; vas a necesitarlos para el almuerzo. ¿Dónde están?

– En un abismo, muy lejos de aquí.

– ¿Y cómo has hecho para arrancártelos?

– Me despegué el derecho con el izquierdo, y el izquierdo con el derecho.

– No puede ser – respondió su mujer – pues necesitabas el izquierdo para arrancarte el derecho, pero ya te lo habías arrancado.

– Ya lo sé mujer, mis brazos son algo muy extraño. Olvidemos eso por ahora y vayamos a dormir – dijo Kalym abrazando a su mujer.

Jorge Medina García
A saber

El patrón solía ser muy astuto. Cada siete días por las noches nos encierra a cada uno de nosotros en la pequeña fábrica de ropa que administra junto a otros negocios y ahí nos deja trabajando. Esta noche me tocó a mí. Así no paga vigilante y se asegura de cumplir con las entregas.

En el pueblo todos lo saben. Las compañeras mujeres, que son cuatro y no estaban de acuerdo al principio, presentaron la denuncia al Procurador de la Oficina de Trabajo y al encargado de la Oficina

Gabriel Jiménez Emán
Kalyms Arme

Kalym riss sich die Arme aus und warf sie in eine Schlucht. Als er nach Hause kam, fragte seine Frau verwundert: «Was hast du mit deinen Armen gemacht?»

«Sie waren mir über, so habe ich sie mir ausgerissen», antwortete Kalym.

«Geh sie holen; du wirst sie für das Mittagessen brauchen. Wo sind sie?»

«In einer Schlucht, weit weg von hier.»

«Wie hast du es geschafft, sie dir auszureißen?»

«Mit dem linken habe ich den rechten abgetrennt, und mit dem rechten den linken.»

«Das kann doch nicht sein», erwiderte seine Frau, «du brauchtest doch den linken, um dir den rechten auszureißen, den hattest du aber doch schon ausgerissen.»

«Ja, ich weiß, mit meinen Armen ist es eine höchst seltsame Sache. Vergessen wir das mal und gehen wir schlafen», sagte Kalym und umarmte seine Frau.

Jorge Medina García
Was weiß ich

Mein Arbeitgeber ist für gewöhnlich ausgesprochen schlau. An jedem Wochentag sperrt er einen von uns über Nacht in die kleine Bekleidungsfabrik, die er neben anderen Geschäftshäusern verwaltet, und dann müssen wir durcharbeiten. Heute Nacht bin ich an der Reihe. Auf diese Weise erspart er sich den Nachtwächter und sichert das Einhalten der Liefertermine.

Alle im Dorf wissen es. Die Frauen unter den Angestellten – es sind vier und sie waren anfangs nicht damit einverstanden – erstatteten Anzeige beim Zuständigen des Arbeitsamts sowie beim Amt für Menschenrechte, aber vergeblich, denn beide

de Derechos Humanos pero fue por puro gusto porque son grandes amigos del señor, o a saber. Lo único que consiguieron fue quedarse de a dos porque les daba miedo. Los varones aceptamos el turno por la necesidad de contar con el pago de las horas extras. Y así vamos pasando.

Personalmente, muy atildado y distante, al día siguiente llega a abrir la gran puerta de entrada a las cuatro de la mañana, revisa el trabajo realizado y permite marcharse al designado hacia su casa para que duerma unas cinco horas y esté de nuevo trabajando a las diez de la misma mañana.

No hay forma de salir una vez encerrados en la fábrica. Candados, barrotes y mallas de alambre acerado clausuran cada puerta y ventana y solo podemos salir por la puerta principal que él cierra con doble llave puntualmente a las siete de la noche y abre cada madrugada para comprobar la tarea y dejarnos dormir un rato.

Teniendo que viajar y dormir fuera cierto día, me confió la llave principal para que le abriera la puerta al que estaba de turno. Talvez porque soy el más antiguo en el trabajo, talvez porque le gustaba mi mujer. No lo supe. A saber.

De todas formas y porque nunca se sabe, le hice a la llave un molde y más tarde en mis raros momentos de descanso, con una llave vieja y una lima triangular, me fui haciendo otra llave que con el tiempo quedó igualita a la del jefe.

En el pueblo se burlan de nosotros por mansos y por tontos, pero como el trabajo escasea nosotros los dejamos estar. Allá ellos.

Hasta que alguien habló de cuernos fue que me preocupé. Y como Leonor andaba rara y siempre tenía dolores de cabeza a la hora de acostarnos y lucía

sind dicke Freunde des Patrons, was weiß ich. Sie konnten sich als Einziges ausbedingen, die Nachtschicht zu zweit zu machen, weil sie sich allein fürchten. Wir Männer haben uns mit der Schicht einverstanden erklärt, denn wir sind auf den Lohn für die Überstunden angewiesen. Und so schlagen wir uns durch.

Geschniegelt und zurückhaltend schließt der Chef persönlich um vier Uhr morgens die Eingangstür auf, kontrolliert die erledigte Arbeit und gibt dem Betroffenen die Erlaubnis, nach Hause zu gehen und gerade mal fünf Stunden zu schlafen, um dann um zehn Uhr desselben Morgens die Arbeit wiederaufnehmen zu können.

Einmal in die Fabrik gesperrt, gibt es keine Möglichkeit auszubrechen. Schlösser, Eisenstäbe und Gitter aus Stahl verschließen jede Tür und jedes Fenster, wir können den Raum nur durch die Tür verlassen, die der Chef Punkt sieben Uhr abends doppelt abschließt und jeden Morgen früh wieder öffnet, erst die Arbeit kontrolliert und uns dann ein wenig Zeit zum Schlafen gönnt.

Als er einmal verreisen und die Nacht auswärts verbringen musste, vertraute er mir den Hauptschlüssel an, damit ich demjenigen, der Nachtschicht hatte, morgens die Tür öffne. Vielleicht weil ich schon am längsten angestellt war, vielleicht weil ihm meine Frau gefiel. Ich wusste es nicht. Was weiß ich.

Wie dem auch sei und weil man nie wissen kann, nahm ich einen Abdruck des Schlüssels und machte ihn später in meiner spärlichen Freizeit mithilfe einer Dreikantfeile aus einem alten Schlüssel nach, sodass er schließlich dem des Chefs bis aufs Haar glich.

Im Dorf werden wir als dumm und gefügig verlacht, weil es aber wenig Arbeit gibt, lassen wir sie reden. Sollen sie doch.

Bis jemand von Hörnern sprach, das beunruhigte mich. Und weil Leonor seltsam war und immer Kopfweh hatte, wenn wir ins Bett gingen, und neue Sachen trug, wurde ich noch miss-

cosas nuevas me preocupé más. Hay algunos que dicen que en las noches que me encierra, el jefe se va a dormir con ella y luego se viene derecho a liberarme. A saber.

Eso es lo que yo siempre les dije.

Lo que esta noche me tiene pensativo es imaginar quién y a qué horas vendrá por fin a abrirme el portón y quién encontrará los cuerpos desnudos del jefe y de Leonor abrazados, con sendas puñaladas en sus infieles corazones.

A saber.

La pintura

Las gotas de veneno cayeron pausadas en el licor de la copa con el peso de la muerte.

Se difuminaron en el fondo perezosamente y sus tentáculos tiñeron las ondas, penetraron su tejido molecular y se mimetizaron con él en un íntimo abrazo.

Una mano alzó el cáliz en un brindis silencioso y lo llevó a unos labios secos y temblorosos como ella. Lo depositó luego sobre la mesa conteniendo aún un residuo mortal, enroscado y alerta.

Con leve destello del anillo dorado detuvo el estrépito del temblor y se quedó inerte.

La mano se incorporó con la copa, la mesa y la ponzoña al vigoroso cuadro al carbón que estamos admirando.

trauischer. Es wird gemunkelt, dass der Chef in den Nächten, in denen er mich einschließt, mit meiner Frau schläft, und danach komme er direkt zur Fabrik und schließe mir auf. Was weiß ich.

So habe ich ihnen stets geantwortet.

Was mich heute Nacht nachdenklich stimmt, ist die Vorstellung, wer wann endlich kommen wird, um mir das Tor aufzuschließen und wer die nackten umschlungenen Körper des Chefs und Leonors finden wird, beide mit einem Dolchstich in untreuen Herzen.

Was weiß ich.

Das Gemälde

Die Gifttropfen fielen langsam mit dem Gewicht des Todes in den Becher.

Auf seinem Grund lösten sie sich träge auf und ihre Tentakel färbten die Wellen, drangen in ihr Molekulargewebe ein und wurden eins mit ihm in inniger Umarmung.

Eine Hand hob den Kelch zu einem stummen Zutrinken und führte ihn an die trockenen und wie sie selbst zitternden Lippen. Danach stellte sie ihn auf den Tisch, auf dem Grund befand sich noch ein tödlicher Rest, zusammengerollt und wachsam.

Mit dem schwachen Schimmern des goldenen Rings hielt sie das dröhnende Zittern auf und verfiel in Reglosigkeit.

Zusammen mit dem Becher, dem Tisch und dem Gift fügte sich die Hand in die kraftvolle Kohlezeichnung ein, die wir gerade bewundern.

José María Méndez
El mono sabio

El profesor Alfred Spiegel, después de diez noches de desvelo, se derrumbó sobre una silla cercana a la jaula del mono y fue abatido por el sueño. Era la oportunidad que el simio había estado esperando. Alargó una de sus peludas manos a través de los barrotes y se apoderó del llavero del profesor. Quitó llave a la puerta de la jaula. El profesor soñaba que un pájaro gigantesco lo hacía volar sobre una selva de la era cuaternaria que no podía descifrar.

El mono abrió el estante donde el profesor guardaba los líquidos glandulares, mezcló varios dentro de un tubo de ensayo, trasvasó la mezcla a una probeta, hizo hervir el contenido y luego lo sometió a la radiación de los isótopos. Consultó durante cinco minutos el reloj de pulsera del profesor, y al cabo de ese tiempo, dio por terminado el experimento. Lo repitió en igual forma con otros líquidos glandulares y puso el líquido verdoso, que resultó del primero, en un vaso, y en otro, el líquido rojizo, que resultó del segundo. Le abrió la boca al profesor y le hizo tragar el líquido de color verde. Él se bebió el de color rojo. Luego introdujo al profesor en la jaula y se sentó, en busca de sueño, en la silla de aquél.

Al día siguiente nadie notó la superchería y todos siguieron creyendo que el profesor Spiegel era realmente el profesor Spiegel y que el mono seguía siendo el mono.

José María Méndez
Der weise Affe

Nach zehn schlaflosen Nächten ließ sich Professor Alfred Spiegel auf einen Stuhl in der Nähe des Affenkäfigs fallen und wurde vom Schlaf übermannt. Das war die Gelegenheit, auf die der Affe gewartet hatte. Er streckte eine seiner behaarten Hände durch die Stäbe und packte den Schlüsselbund des Professors. Er schloss die Käfigtür auf. Der Professor träumte, dass ein riesiger Vogel ihn über einen Wald aus dem Quartär trug, den er nicht bestimmen konnte.

Der Affe öffnete das Schrankgestell, in dem der Professor die Drüsensekrete aufbewahrte. Er mischte einige davon in einem Reagenzglas, füllte die Mischung in einen Messzylinder, brachte den Inhalt zum Sieden und unterzog ihn danach der Isotopenbestrahlung. Er schaute fünf Minuten lang auf die Armbanduhr des Professors, und nach Ablauf dieser Zeit hielt er das Experiment für beendet. Auf gleiche Weise verfuhr er mit anderen Drüsensekrete und füllte die grünliche Mischung, die aus dem ersten hervorgegangen war, in ein Glas und in ein anderes die rötliche aus dem zweiten Experiment. Er öffnete den Mund des Professors und flößte ihm die grüne Flüssigkeit ein. Er selbst schluckte die rote. Danach sperrte er den Professor in den Käfig, setzte sich auf dessen Stuhl und wartete auf den Schlaf.

Am nächsten Tag bemerkte keiner den Betrug und alle glaubten weiterhin, der Professor Spiegel sei wirklich der Professor Spiegel und der Affe sei weiterhin der Affe.

Alvaro Menen Desleal
Los viajeros

Un pasajero, a su vecino de asiento:
— ¿Ha visto? El periódico informa de otro accidente de aviación.
— Sí, he visto; en la lista de muertos estamos nosotros.

Hora sin tiempo

Un pasajero a otro:
— Disculpe, caballero, mi reloj se ha parado. ¿Qué hora tiene usted?
— Oh, lo siento; el mío se paró también.
— Por casualidad... ¿a las 8.17?
— Sí, a las 8.17.
— Entonces ocurrió, ciertamente.
— Sí. A esa hora.

Julio Miranda
Vida de perros

Somos pobres. Nunca hemos podido tener un perro. ¡Y nos gustan tanto! Por eso decidimos turnarnos: cada uno haría de perro un día entero.

Al principio nos dio un poco de vergüenza, sobre todo a mis padres. Lo imitaban muy mal. Algún ladrido y mucho olfatear. Yo era el que más gozaba, orinando donde quería.

Pero se convirtió en una fiesta. Esperábamos que nos tocara, nerviosos. La noche antes ya

Alvaro Menen Desleal
Die Reisenden

Sagt ein Passagier zu seinem Sitznachbarn:
«Haben Sie gesehen? Die Zeitung berichtet über einen weiteren Flugzeugunfall.»
«Ja, ich habs gesehen: Wir stehen auf der Liste der Toten.»

Zeitlose Stunde

Ein Passagier zum andern:
«Verzeihung, meine Uhr ist stehengeblieben. Wie spät ist es?»
«Ach, es tut mir leid; meine ist auch stehengeblieben.»
«Zufälligerweise ... um 8.17 Uhr?»
«Ja, um 8.17 Uhr.»
«Dann ist es wirklich geschehen.»
«Ja. Um diese Zeit.»

Julio Miranda
Hundeleben

Wir sind arm. Wir haben uns nie einen Hund leisten können. Dabei lieben wir Hunde so sehr! Deshalb beschlossen wir, dass abwechslungsweise jeder von uns einen ganzen Tag lang den Hund machen würde.

Am Anfang genierten wir uns ein wenig, vor allem meine Eltern. Ihre Nachahmung war jämmerlich. Ein wenig Bellen und übertriebenes Schnüffeln. Ich hatte am meisten Spaß daran, und pinkelte, wo ich gerade Lust hatte.

Mit der Zeit aber wurde es zu einem Fest. Ungeduldig warteten wir darauf, wieder an der Reihe zu sein. Schon

se nos escapaba algún grrrr, algún guau. Mamá no se ocupaba de la casa. Papá no iba al trabajo. Yo me salvaba de la escuela. Y ellos se divertían más que yo, saltándose las reglas, mordiéndose y lamiéndose y rascándose y montándose encima y revolcándose, aunque a los dos no les tocara ser perro. Les decía que era trampa. Me mandaban al cuarto.

La casa está hecha un asco. A papá lo botaron. Yo tengo que ir a clases, todas las mañanas, y luego las tareas. «Otro día haces de perro», me dicen, «otro día», riéndose.

No es justo.

Augusto Monterroso
El dinosaurio

Cuando despertó, el dinosaurio todavía estaba allí.

El Zorro es más sabio

Un día que el Zorro estaba muy aburrido y hasta cierto punto melancólico y sin dinero, decidió convertirse en escritor, cosa a la cual se dedicó inmediatamente, pues odiaba ese tipo de personas que dicen voy a hacer esto o lo otro y nunca lo hacen.

Su primer libro resultó muy bueno, un éxito; todo el mundo lo aplaudió, y pronto fue traducido (a veces no muy bien) a los más diversos idiomas.

El segundo fue todavía mejor que el primero, y varios profesores norteamericanos de lo más granado del mundo académico de aquellos remotos días lo comentaron con entusiasmo y aun escribieron libros sobre los libros que hablaban de los libros del Zorro.

am Vorabend entfuhr uns das eine oder andere «Grrrr» oder «Wau». Mutter kümmerte sich nicht um den Haushalt. Vater ging nicht zur Arbeit. Ich drückte mich vor der Schule. Die Eltern hatten noch mehr Spaß daran als ich, sie hielten sich nicht an die Regeln, sie bissen, leckten, kratzten einander, sie wälzten und besprangen sich, auch wenn es nicht ihr Hundetag war. Ich sagte, das sei unfair. Sie schickten mich aufs Zimmer.

Das Haus ist ein Saustall. Der Vater ist entlassen worden. Ich muss jeden Morgen zur Schule gehen und dann die Hausaufgaben erledigen. «Ein anderes Mal kannst du den Hund machen», sagen sie, «ein anderes Mal», und sie lachen.

Das ist ungerecht.

Augusto Monterroso
Der Dinosaurier

Als er erwachte, war der Dinosaurier noch da.

Der Fuchs ist der Klügere

Eines Tages, als der Fuchs sich langweilte und gewissermaßen auch trübsinnig und ohne Geld war, beschloss er, Schriftsteller zu werden, was er auch sofort in die Tat umsetzte, denn er hasste die Art von Personen, die sagen, ich werde dies oder jenes tun und es doch nicht anpacken.

Sein erstes Buch erwies sich als sehr gut und war ein Erfolg; es wurde allseits gelobt und bald auch (nicht immer so gut) in die verschiedensten Sprachen übersetzt.

Das zweite war noch besser als das erste, und ein paar amerikanische Professoren, die zur Creme der akademischen Welt jener fernen Zeiten gehörten, schrieben begeisterte Besprechungen und verfassten sogar Bücher über die Bücher, die von den Büchern des Fuchses handelten.

Desde ese momento el Zorro se dio con razón por satisfecho, y pasaron los años y no publicaba otra cosa.

Pero los demás empezaron a murmurar y a repetir «¿Qué pasa con el Zorro?», y cuando lo encontraban en los cócteles puntualmente se le acercaban a decirle tiene usted que publicar más.

– Pero si ya he publicado dos libros – respondía él con cansancio.

– Y muy buenos – le contestaban –; por eso mismo tiene usted que publicar otro.

El Zorro no lo decía, pero pensaba: «En realidad lo que éstos quieren es que yo publique un libro malo; pero como soy el Zorro, no lo voy a hacer».

Y no lo hizo.

La Mosca que soñaba que era un Águila

Había una vez una Mosca que todas las noches soñaba que era un Águila y que se encontraba volando por los Alpes y por los Andes.

En los primeros momentos esto la volvía loca de felicidad; pero pasado un tiempo le causaba una sensación de angustia, pues hallaba las alas demasiado grandes, el cuerpo demasiado pesado, el pico demasiado duro y las garras demasiado fuertes; bueno, que todo ese gran aparato le impedía posarse a gusto sobre los ricos pasteles o sobre las inmundicias humanas, así como sufrir a conciencia dándose topes contra los vidrios de su cuarto.

En realidad no quería andar en las grandes alturas, o en los espacios libres, ni mucho menos.

Pero cuando volvía en sí lamentaba con toda el alma no ser un Águila para remontar montañas, y se sentía tristísima de ser una Mosca, y por eso volaba tanto, y

Von da an gab sich der Fuchs mit Recht zufrieden.
Die Jahre vergingen und er veröffentlichte nichts mehr.

Die anderen aber fingen an zu lästern und meinten:
«Was ist mit dem Fuchs los?» Und wenn sie ihn auf
Cocktailpartys trafen, näherten sie sich ihm ohne Umschweife und sagten, er müsse mehr veröffentlichen.

«Aber ich hab doch schon zwei Bücher publiziert»,
antwortete er gelangweilt.

«Und sehr gute», erwiderten sie, «gerade deswegen
müssen Sie noch eins herausbringen.»

Der Fuchs sagte es zwar nicht, aber er dachte: «Eigentlich wollen sie nur, dass ich ein schlechtes Buch veröffentliche; weil ich aber der Fuchs bin, werde ich es nicht tun.»

Und er tat es nicht.

Die Fliege, die im Traum ein Adler war

Es war einmal eine Fliege, die träumte jede Nacht, sie
sei ein Adler, der hoch über den Alpen und den Anden
flog.

Wenn es anfing, war sie überglücklich; aber nach
einer Weile überkam sie ein Gefühl von Beklemmung,
denn sie fand ihre Flügel zu groß, den Körper zu schwer,
den Schnabel zu hart und die Klauen zu kräftig; kurz
gesagt, diese ganze Ausstattung hinderte sie daran, nach
Belieben auf den leckeren Kuchen oder dem menschlichen Unrat zu landen oder angemessen zu leiden,
wenn sie gegen die Fensterscheiben ihres Zimmers
prallte.

In Wirklichkeit war sie überhaupt nicht darauf erpicht,
sich in weiten Höhen oder in freien Räumen zu bewegen.

Doch wenn sie zu sich kam, bedauerte sie aus tiefster
Seele, kein Adler zu sein, der sich hoch über die Berge
erhob; sie war tieftraurig, weil sie eine Fliege war, und

estaba tan inquieta, y daba tantas vueltas, hasta que lentamente, por la noche, volvía a poner las sienes en la almohada.

La vaca

Cuando iba el otro día en el tren me erguí de pronto feliz sobre mis dos patas y empecé a manotear de alegría y a invitar a todos a ver el paisaje y a contemplar el crepúsculo que estaba de lo más bien. Las mujeres y los niños y unos señores que detuvieron su conversación me miraban sorprendidos y se reían de mí pero cuando me senté otra vez silencioso no podían imaginar que yo acababa de ver alejarse lentamente a la orilla del camino una vaca muerta muertita sin quien la enterrara ni quien le editara sus obras completas ni quien le dijera un sentido y lloroso discurso por lo buena que había sido y por todos los chorritos de humeante leche con que contribuyó a que la vida en general y el tren en particular siguieran su marcha.

El eclipse

Cuando fray Bartolomé Arrazola se sintió perdido aceptó que ya nada podría salvarlo. La selva poderosa de Guatemala lo había apresado, implacable y definitiva. Ante su ignorancia topográfica se sentó con tranquilidad a esperar la muerte. Quiso morir allí, sin ninguna esperanza, aislado, con el pensamiento fijo en la España distante, particularmente en el convento de Los Abrojos, donde

deswegen flog sie so unermüdlich umher und war so ruhelos, drehte so viele Runden, bis sie schließlich in der Nacht die Schläfe wieder auf das Kissen legte.

Die Kuh

Als ich neulich im Zug unterwegs war erhob ich mich in einem plötzlichen Glücksgefühl auf meine zwei Beine und begann vor Freude herumzufuchteln und alle zu ermuntern die Landschaft und die herrliche Abenddämmerung zu betrachten. Die Frauen und Kinder und ein paar Herren die ihre Unterhaltung unterbrochen hatten blickten überrascht zu mir und lachten mich aus doch als ich mich wieder setzte und schwieg konnte niemand ahnen dass ich eben am Wegrand eine tote mausetote Kuh gesehen hatte die sich langsam entfernte und niemanden hatte der sie begraben würde auch niemanden der ihr Gesamtwerk veröffentlichte niemanden der ihr einen tief empfundenen und tränenreichen Nachruf gewidmet hätte weil sie so herzensgut gewesen war und zum Dank für all die dampfenden Milchstrahlen mit denen sie dazu beigetragen hatte dass das Leben im allgemeinen und der Zug im besonderen ihren Lauf fortsetzten.

Die Sonnenfinsternis

Als Bruder Bartolomé Arrazola bemerkte, dass er sich verirrt hatte, fand er sich damit ab, dass es keine Rettung mehr gab. Der mächtige Urwald Guatemalas hatte ihn unerbittlich und endgültig gefangengenommen. In Unkenntnis der örtlichen Gegebenheiten ließ er sich nieder, um den Tod abzuwarten. Hier wollte er sterben, ohne Hoffnung und mutterseelenallein, die Gedanken auf das ferne Spanien gerichtet, besonders auf das Kloster Los Abrojos,

Carlos Quinto condescendiera una vez a bajar de su eminencia para decirle que confiaba en el celo religioso de su labor redentora.

Al despertar se encontró rodeado por un grupo de indígenas de rostro impasible que se disponían a sacrificarlo ante un altar, un altar que a Bartolomé le pareció como el lecho en que descansaría, al fin, de sus temores, de su destino, de sí mismo.

Tres años en el país le habían conferido un mediano dominio de las lenguas nativas. Intentó algo. Dijo algunas palabras que fueron comprendidas.

Entonces floreció en él una idea que tuvo por digna de su talento y de su cultura universal y de su arduo conocimiento de Aristóteles. Recordó que para ese día se esperaba un eclipse total de sol. Y dispuso, en lo más íntimo, valerse de aquel conocimiento para engañar a sus opresores y salvar la vida.

– Si me matáis – les dijo – puedo hacer que el sol se oscurezca en su altura.

Los indígenas lo miraron fijamente y Bartolomé sorprendió la incredulidad en sus ojos. Vio que se produjo un pequeño consejo, y esperó confiado, no sin cierto desdén.

Dos horas después el corazón de fray Bartolomé Arrazola chorreaba su sangre vehemente sobre la piedra de los sacrificios (brillante bajo la opaca luz de un sol eclipsado), mientras uno de los indígenas recitaba sin ninguna inflexión de voz, sin prisa, una por una, las infinitas fechas en que se producirían eclipses solares y lunares, que los astrónomos de la comunidad maya habían previsto y anotado en sus códices sin la valiosa ayuda de Aristóteles.

wo Karl V. einmal geruhte, von seiner Majestät abzusehen und ihm sagte, er vertraue auf den religiösen Eifer seines Erlösungswerkes.

Als er erwachte, war er von einer Gruppe Eingeborener umringt, die sich mit unbewegter Miene anschickten, ihn vor einem Altar zu opfern, einem Altar, der Bartolomé das Lager zu sein schien, auf dem er endlich von seinen Ängsten, dem Schicksal und sich selbst ausruhen würde.

Die drei Jahre im Land hatten ihm zu einer leidlichen Beherrschung der einheimischen Sprachen verholfen. Er machte einen Versuch. Er sagte ein paar Worte, und sie wurden verstanden.

Das brachte ihn auf eine Idee, die er seines Talents, seiner Universalbildung und seiner mühsam erarbeiteten Vertrautheit mit Aristoteles für würdig hielt. Er erinnerte sich, dass für diesen Tag eine totale Sonnenfinsternis erwartet wurde. In seinem Innersten beschloss er, sich dieses Wissens zu bedienen, um seine Peiniger hereinzulegen und so sein Leben zu retten.

«Wenn ihr mich tötet», sagte er zu ihnen, «kann ich veranlassen, dass die Sonne sich am Himmel oben verfinstert.»

Die Eingeborenen sahen ihn unverwandt an, und Bartolomé bemerkte die Ungläubigkeit in ihren Augen. Er sah, dass eine kleine Beratschlagung stattfand, und er wartete ruhig ab, nicht ohne eine gewisse Geringschätzung zu verspüren.

Zwei Stunden später strömte das Blut von Bruder Bartolomé Arrazolas Herz auf den Opferstein (der im matten Licht einer verfinsterten Sonne glänzte), während einer der Eingeborenen ohne jegliche Gefühlsregung in der Stimme und ohne Hast eine nach der anderen die endlosen Daten heruntersagte, an denen Sonnen- und Mondfinsternisse stattfinden werden, wie es die Astronomen der Mayagemeinschaft ohne die wertvolle Hilfe des Aristoteles vorausgesehen und in ihren Kodizes aufgeschrieben hatten.

La brevedad

Con frecuencia escucho elogiar la brevedad y, provisionalmente, yo mismo me siento feliz cuando oigo repetir que lo bueno, si breve, dos veces bueno.

Sin embargo, en la sátira 1, 1, Horacio se pregunta, o hace como que le pregunta a Mecenas, por qué nadie está contento con su condición, y el mercader envidia al soldado y el soldado al mercader. Recuerdan, ¿verdad?

Lo cierto es que el escritor de brevedades nada anhela más en el mundo que escribir interminablemente largos textos, largos textos en que la imaginación no tenga que trabajar, en que hechos, cosas, animales y hombres se crucen, se busquen o se huyan, vivan, convivan, se amen o derramen libremente su sangre sin sujeción al punto y coma, al punto.

A ese punto que en este instante me ha sido impuesto por algo más fuerte que yo, que respeto y que odio.

Cultura Motilona, Colombia
El mundo de arriba y el mundo de abajo

En el cielo, allá arriba, había una selva con árboles, con animales y con comida. Allá vivían los motilones, cazando y sembrando. Y miraron un día hacia abajo, a la tierra, y vieron que allá también había ríos y bosques con buena caza. Entonces cortaron un bejuco muy grueso y muy largo, para que resistiera el peso de los hombres, y por él se descolgaron todos los motilones, uno detrás de otro. Y llegaron a la tierra y el bejuco quedó colgando y los indios se fueron a cazar

Die Kürze

Oft höre ich, wie die Kürze gelobt wird, und ich selber fühle mich vorübergehend beglückt, wenn wieder einmal gesagt wird, kurz und gut ist doppelt gut.

Horaz fragt sich hingegen in seiner Satire 1.1, oder er tut vielmehr so, als würde er Maecenas fragen, warum niemand mit seinem Stand zufrieden sei, der Kaufmann beneide den Soldaten und der Soldat beneide den Kaufmann. Sie erinnern sich, nicht wahr?

Tatsache ist, dass der Autor von Kurztexten nichts auf der Welt so innig ersehnt, als unaufhörlich lange Texte zu schreiben, lange Texte, bei denen das Vorstellungsvermögen nicht angestrengt werden muss, in denen die Geschehnisse, Dinge, Tiere und Menschen sich kreuzen, sich suchen oder fliehen, leben, zusammenleben, sich lieben oder aus freien Stücken ihr Blut vergießen, ohne sich dem Strichpunkt, dem Punkt zu unterwerfen.

Dem Punkt, der mir in diesem Augenblick auferlegt wird durch etwas, das stärker ist als ich selbst und das ich achte und hasse.

Aus der Kultur der Motilonen, Kolumbien
Die obere Welt und die untere Welt

Dort oben, im Himmel, gab es einen Wald mit Bäumen, mit Tieren und Nahrung. Da lebten die Motilonen; sie jagten und säten. Eines Tages schauten sie nach unten zur Erde und sahen, dass es dort ebenfalls Flüsse gab und Wälder mit reichlich Wild. Deshalb schnitten sie eine sehr dicke und lange Liane, die das Gewicht der Menschen tragen konnte, und über diese Liane seilten sich die Motilonen ab, einer nach dem andern. Sie kamen auf die Erde, die Liane blieb hängen, und die Indios gingen auf die Jagd. Ein Aasgeier, der vorbei-

animales. Un gallinazo, que pasaba volando, cortó el bejuco y cuando los motilones volvieron de la cacería no pudieron subir, regresar al cielo: se quedaron para siempre en la tierra. El gallinazo, como castigo, tiene que comerse la carne de los muertos para llevarla otra vez al cielo.

Andrés Neuman
La felicidad

Me llamo Marcos. Siempre he querido ser Cristóbal.

No me refiero a llamarme Cristóbal. Cristóbal es mi amigo; iba a decir el mejor, pero diré que el único.

Gabriela es mi mujer. Ella me quiere mucho y se acuesta con Cristóbal.

Él es inteligente, seguro de sí mismo y un ágil bailarín. También monta a caballo. Domina la gramática latina. Cocina para las mujeres. Luego se las almuerza. Yo diría que Gabriela es su plato predilecto.

Algún desprevenido podrá pensar que mi mujer me traiciona: nada más lejos. Siempre he querido ser Cristóbal, pero no vivo cruzado de brazos. Ensayo no ser Marcos. Tomo clases de baile y repaso mis manuales de estudiante. Sé bien que mi mujer me adora. Y es tanta su adoración, tanta, que la pobre se acuesta con él, con el hombre, que yo quisiera ser. Entre los fornidos pectorales de Cristóbal, mi Gabriela me aguarda desde hace años con los brazos abiertos.

A mí me colma de gozo semejante paciencia. Ojalá mi esmero esté a la altura de sus esperanzas

flog, schnitt die Liane durch, und als die Motilonen von der
Jagd zurückkehrten, konnten sie nicht mehr hinaufsteigen,
nicht mehr in den Himmel zurückkehren: Sie blieben für
immer auf der Erde. Der Aasgeier muss zur Strafe das
Fleisch der Toten fressen und es wieder in den Himmel
bringen.

Andrés Neuman
Das Glück

Ich heiße Marcos. Ich habe immer Cristóbal sein
wollen.
 Damit meine ich nicht, dass ich gern Cristóbal hei
ßen würde. Cristóbal ist mein Freund; ich wollte sagen
mein bester Freund, sage aber nun der einzige Freund.
 Gabriela ist meine Frau. Sie liebt mich sehr und
geht mit Cristóbal ins Bett.
 Er ist intelligent, selbstsicher und ein flotter Tänzer. Er reitet auch. Er beherrscht die lateinische
Grammatik. Er bekocht die Frauen. Dann vernascht
er sie. Ich würde sagen, Gabriela ist sein Leibgericht.
 Ein Ahnungsloser könnte meinen, dass meine Frau
mich betrügt: Nichts liegt ihr ferner. Ich wollte schon immer Cristóbal sein, bin aber nicht untätig geblieben. Ich
übe mich darin, nicht Marcos zu sein. Ich nehme Tanzstunden und frische den Lehrstoff meiner Studienzeit neu
auf. Ich weiß sehr wohl, dass meine Frau mich vergöttert,
sie vergöttert mich so über alle Maße, dass die Arme mit
ihm ins Bett geht, mit dem Mann, der ich sein möchte.
An Cristóbals kräftige Brustmuskeln geschmiegt, wartet
meine Gabriela seit Jahren mit offenen Armen auf mich.
 Solch eine Geduld erfüllt mich mit Freude. Wenn
doch nur mein Bemühen ihren hohen Erwartungen ent

y agún día, pronto, nos llegue el momento. Ese momento de amor inquebrantable que ella tanto ha preparado, engañando a Cristóbal, acostumbrándose a su cuerpo, a su carácter y sus gustos, para estar lo más cómoda y feliz posible cuando yo sea como él y lo dejemos solo.

María Obligado
Voces como arpones

Asomadas a la reja cantamos las tres hermanas, Murguen, Nadina y yo. Los vecinos no se quejan. Al contrario, suspenden el asado del mediodía para poder escuchar. Sobre todo en primavera, cuando nuestras voces se mezclan con el azul profundo del jacarandá. Mamá canturrea en la cocina, suspira y recuerda, dice algo sobre unas rocas, piensa en el mar. Pero ahora nos deja el lugar a nosotras, sus herederas. Con nuestros dedos delgados, y nuestro cuerpo cimbreante, que casi envuelven los barrotes de los balcones, ante los ojos extasiados del barrio. Nuestro padre sonríe en el taller, admirado de que, a pesar de su fealdad casi ciclópea, le hayan nacido unas hijas tan bellas.

En la casa de altos balcones donde son felices, mi madre guarda el secreto de haber seducido a otro hombre, un tal Ulises y, mientras mira a su esposo con ojos de mar, agradece no haber caído en sus brazos.

Pero ésas, ahora, son viejas historias. Como arpones llenos de codicia, nuestras voces se alzan plateadas, sinuosas. Pocos pasan entre las dos esquinas sin mirarnos. Todos nos oyen, alguien caerá en las redes.

sprechen und eines Tages, bald, unsere Zeit kommen möge.
Dieser Augenblick unverbrüchlicher Liebe, den Gabriela so eingehend vorbereitet hat, indem sie Cristóbal betrogen, sich an seinen Körper gewöhnt hat, an seinen Charakter, an seine Vorlieben, um sich so wohl und glücklich wie möglich zu fühlen, wenn ich dann so bin wie er und wir ihn verlassen.

María Obligado
Stimmen wie Harpunen

Wir drei Schwestern, Murguen, Nadina und ich, stehen am Fenstergitter und singen. Die Nachbarn beschweren sich nicht. Im Gegenteil, sie lassen sogar den mittäglichen Asado warten, um uns zu hören. Vor allem im Frühling, wenn unsere Stimmen sich mit dem Tiefblau der Jacarandá-Blüten vermischen. Mutter summt in der Küche, sie seufzt in Erinnerungen versunken, sagt etwas von Felsen und denkt wohl an das Meer. Jetzt überlässt sie aber uns, ihren Erbinnen, das Feld. Uns, die wir mit schlanken Fingern und geschmeidigem Körper, vor den berückten Augen des Viertels die Gitterstäbe des Balkons beinahe umschlingen. Unser Vater lächelt in der Werkstatt und ist erstaunt, dass ihm trotz seiner fast zyklopischen Hässlichkeit so bildschöne Töchter geboren wurden.

Im Haus mit den hohen Balkons, in dem sie glücklich sind, hütet meine Mutter das Geheimnis, dass sie einmal einen anderen Mann, einen gewissen Odysseus verführt hat, und während sie mit ihren Meeraugen ihren Mann betrachtet, ist sie dankbar dafür, dass sie nicht in seine Arme gesunken war.

Das sind aber inzwischen alte Geschichten. Wie Harpunen des Verlangens erheben sich unsere Stimmen, silbern und verführerisch. Nur wenige gehen am Haus vorbei, ohne uns anzusehen. Alle hören uns, einer wird ins Netz gehen.

Silvina Ocampo
La soga

A Antoñito López le gustaban los juegos peligrosos: subir por la escalera de mano del tanque de agua, tirarse por el tragaluz del techo de la casa, encender papeles en la chimenea. Esos juegos lo entretuvieron hasta que descubrió la soga, la soga vieja que servía otrora para atar los baúles, para subir los baldes del fondo del aljibe y, en definitiva, para cualquier cosa; sí, los juegos lo entretuvieron hasta que la soga cayó en sus manos. Todo un año, de su vida de siete años, Antoñito había esperado que le dieran la soga; ahora podía hacer con ella lo que quisiera. Primeramente hizo una hamaca, colgada de un árbol, después un arnés para caballo, después una liana para bajar de los árboles, después un salvavidas, después una horca para los reos, después un pasamanos, finalmente una serpiente. Tirándola con fuerza hacia delante, la soga se retorcía y se volvía con la cabeza hacia atrás, con ímpetu, como dispuesta a morder. A veces subía detrás de Toñito las escaleras, trepaba a los árboles, se acurrucaba en los bancos. Toñito siempre tenía cuidado de evitar que la soga lo tocara; era parte del juego. Yo lo vi llamar a la soga, como quien llama a un perro, y la soga se le acercaba, a regañadientes, al principio, luego, poco a poco, obedientemente. Con tanta maestría Antoñito lanzaba la soga y le daba aquel movimiento de serpiente maligna y retorcida, que los dos hubieran podido trabajar en un circo. Nadie le decía: «Toñito, no juegues con la soga».

La soga parecía tranquila cuando dormía sobre la mesa o en el suelo. Nadie la hubiera creído capaz de ahorcar a nadie. Con el tiempo se volvió más flexible y oscura, casi verde y, por último, un poco vis-

Silvina Ocampo
Der Strick

Antoñito López liebte gefährliche Spiele: auf die Steigleiter des Wassertanks klettern, durch die Dachluke springen, Papiere im Kamin anzünden. Mit diesen Spielen vertrieb er sich bestens die Zeit, bis er den Strick entdeckte, den alten Strick, der früher dazu gedient hatte, Truhen zu verschnüren, die Eimer aus der Tiefe der Zisterne zu ziehen und wofür auch immer; ja, die Spiele beschäftigten ihn, bis ihm der Strick in die Hände fiel. Ein ganzes Jahr seines siebenjährigen Lebens hatte Antoñito darauf gewartet, dass sie ihm den Strick geben würden; jetzt konnte er damit anfangen, was er wollte. Erst machte er eine Schaukel, die an einem Baum hing, dann ein Zaumzeug für ein Pferd, dann eine Liane, mit der man sich von den Bäumen herunterlassen konnte, dann einen Rettungsgürtel, dann einen Galgen für die Verbrecher, dann einen Handlauf und schließlich eine Schlange. Wenn er ihn kräftig nach vorne warf, wand sich der Strick und drehte den Kopf nach hinten, mit Schwung, als wolle er beißen. Manchmal stieg er hinter Toñito die Treppe hinauf, kletterte auf die Bäume, kuschelte sich auf die Bänke. Toñito achtete immer darauf, dass der Strick ihn nicht berührte; das gehörte zum Spiel. Ich sah ihn den Strick zu sich rufen, wie man einen Hund ruft, und der Strick kam zu ihm, erst widerwillig, aber schließlich schön brav. Es war meisterhaft, wie Antoñito den Strick warf und ihm die Bewegungen einer boshaften, sich windenden Schlange verlieh; die beiden hätten in einem Zirkus auftreten können. Niemand sagte zu ihm: «Spiel nicht mit dem Strick, Toñito.»

Der Strick machte einen friedlichen Eindruck, wenn er auf dem Tisch oder auf dem Boden schlief. Niemand hätte gedacht, er wäre imstande, jemanden zu erhängen. Mit der Zeit wurde er geschmeidiger und dunkler, fast grün, und

cosa y desagradable, en mi opinión. El gato no se le acercaba y a veces, por las mañanas, entre sus nudos, se demoraban sapos extasiados. Habitualmente, Toñito la acariciaba antes de echarla al aire; como los discóbolos o lanzadores de jabalinas, ya no necesitaba prestar atención a sus movimientos: sola, se hubiera dicho, la soga saltaba de sus manos para lanzarse hacia adelante, para retorcerse mejor.

Si alguien le pedía:

– Toñito, préstame la soga.

El muchacho invariablemente contestaba:

– No.

A la soga ya le había salido una lengüita, en el sitio de la cabeza, que era algo aplastada, con barba; su cola, deshilachada, parecía un dragón.

Toñito quiso ahorcar un gato con la soga. La soga se rehusó. Era buena.

¿Una soga, de qué se alimenta? ¡Hay tantas en el mundo! En los barcos, en las casas, en las tiendas, en los museos, en todas partes ... Toñito decidió que era herbívora; le dio pasto y le dio agua.

La bautizó con el nombre de Prímula. Cuando lanzaba la soga, a cada movimiento, decía: «Prímula, vamos, Prímula». Y Prímula obedecía.

Toñito tomó la costumbre de dormir con Prímula en la cama, con la precaución de colocarle la cabecita sobre la almohada y la cola bien abajo, entre las cobijas.

Una tarde de diciembre, el sol, como una bola de fuego, brillaba en el horizonte, de modo que todo el mundo lo miraba comparándolo con la luna, hasta el mismo Toñito, cuando lanzaba la soga. Aquella vez la soga volvió hacia atrás con la energía de siempre y Toñito no retrocedió. La cabeza de Prímula le golpeó en el pecho y le clavó la lengua a través de la blusa.

meiner Meinung nach schließlich ein wenig schmierig und unappetitlich. Die Katze ging ihm aus dem Weg, und morgens saßen manchmal verzückte Kröten zwischen seinen Knoten. Normalerweise streichelte Toñito den Strick, bevor er ihn in die Luft warf; wie die Diskus- oder Speerwerfer musste er nicht mehr auf die Bewegungen achten. Wie von selbst, könnte man sagen, sprang der Strick ihm aus den Händen, um nach vorne zu schießen und sich freier winden zu können.

Wenn jemand bettelte:

«Leih mir deinen Strick, Toñito.»

Antwortete der Junge unweigerlich:

«Nein.»

Dem Strick war bereits ein Zünglein gewachsen, dort, wo der Kopf ein wenig abgeflacht war und einen Bart hatte; der ausgefranste Schwanz sah wie ein Drache aus.

Toñito wollte mit dem Strick eine Katze erhängen. Der weigerte sich. Er war ein guter Strick.

Wovon ernährt sich ein Strick? Es gibt so viele davon auf der Welt. Auf den Schiffen, in den Häusern, in den Läden, in den Museen, überall ... Toñito beschloss, dass er ein Pflanzenfresser war; er gab ihm Gras und Wasser.

Er taufte ihn auf den Namen Primulus. Wenn Toñito den Strick warf, sagte er bei jeder Bewegung: «Los, Primulus!» Und Primulus gehorchte.

Toñito machte es sich zur Gewohnheit, Primulus mit ins Bett zu nehmen; vorsichtig legte er sein Köpfchen auf das Kissen und den Schwanz weit nach unten, unter die Decke.

An einem Dezemberabend hing die Sonne wie eine Feuerkugel über dem Horizont, sodass alle sie betrachteten und mit dem Mond verglichen, sogar Toñito tat dies, während er den Strick warf. Auch dieses Mal schnellte er wie immer mit großer Wucht zurück, aber Toñito wich nicht von der Stelle. Primulus' Kopf schlug ihm auf die Brust und seine Zunge drang ihm durch das Hemd ins Fleisch.

Así murió Toñito. Yo lo vi, tendido, con los ojos abiertos.

La soga, con el flequillo despeinado, enroscada junto a él, lo velaba.

José Emilio Pacheco
Parque de diversiones

A mí me encantan los domingos en el parque, puedo ver tantos animalitos que creo que estoy soñando o que voy a volverme loco de tanto gusto y de la alegría de ver siempre cosas tan distintas y fieras que juegan o se hacen el amor y cuidan de sus crías o están siempre a punto de hacerse daño y me divierte ver cómo comen lástima que todos huelan tan mal o mejor dicho hiedan, pues por más que hacen para tener el parque limpio, especialmente los domingos todos los animales apestan a diablos, sin embargo, creo que ellos al vernos se divierten tanto como nosotros por eso me da tanta lástima que estén allí siempre porque su vida debe de ser muy tediosa haciendo siempre las mismas cosas para que los otros se rían o les hagan daño y no sé cómo hay quienes llegan hasta mi jaula y dicen mira qué tigre, no te da miedo, porque aunque no hubiese rejas yo no me movería de aquí ni les haría ningún daño, pues todos saben que siempre me han dado mucha lástima.

So ist Toñito gestorben. Ich habe ihn liegen sehen, die Augen weit geöffnet.

Mit zerzausten Fransen lag der Strick zusammengerollt neben ihm und hielt Totenwache.

José Emilio Pacheco
Vergnügungspark

Ich liebe die Sonntage im Park, ich kann dann so viele kleine Tiere sehen, dass es mir vorkommt wie ein Traum oder als müsse ich irre werden vor lauter Freude und Vergnügen, weil ich ständig so vielerlei Dinge sehe, und Raubtiere, die spielen oder sich lieben und sich um ihren Nachwuchs kümmern oder beständig drauf und dran sind, einander wehzutun, es macht mir Spaß, ihnen beim Essen zuzusehen, schade, dass alle so übel riechen, genauer gesagt, dass sie stinken, denn obwohl man sich große Mühe gibt, den Park sauber zu halten, stinken vor allem sonntags alle Tiere wie die Pest, ich glaube aber, dass sie, wenn sie uns zuschauen, sich genauso amüsieren wie wir, deswegen tut es mir so leid, dass sie immer hier stehen, ihr Leben muss ganz schön langweilig sein, immer dieselben Sachen tun, damit die anderen lachen oder ihnen wehtun, und ich weiß nicht, warum es solche gibt, die an meinen Käfig herankommen und sagen, schau mal, was für ein Tiger, hast du keine Angst, denn auch wenn es keine Gitter gäbe, würde ich mich nicht vom Fleck rühren, und ich würde keinem etwas antun, wissen doch alle, dass sie mir schon immer sehr leid getan haben.

Ispahan

En Ispahan hay tres jardines. Uno dedicado a los jóvenes, otro a los viejos y el tercero a los que aún no nacen. Los jóvenes juegan al amor, los viejos los observan a distancia. Éstos son torturados por la memoria de su propia juventud; aquéllos por la certeza de lo que les espera. El significado del tercer jardín es un enigma. Resolverlo es tarea del viajero: el lector.

Edmundo Paz Soldán
La familia

Soy inocente, yo no maté a mi padre – exclamó mi hermano, desesperado, apenas escuchó la sentencia. Me acerqué a él, intenté infundirle ánimo, le dije que yo le creía (y era verdad: tenía la certeza de que no mentía), pero mis palabras eran vanas: su nuevo destino estaba sellado. Apoyó su cabeza en mi pecho, lloró. Fui a visitarlo todos los sábados por la tarde, durante veintisiete años, hasta que falleció. En el velorio, al mirar su precario ataúd desprovisto de coronas y recordatorios, sentí por primera vez el peso amargo del remordimiento.

Las dos ciudades

Debido a la negativa de los cochabambinos a usar su ciudad como set de filmación por espacio de once meses, los productores de la miniserie *Pueblo chico, caldera del diablo* decidieron no escatimar recursos en construir una réplica de Cochabamba, del mismo tamaño que la original. Después de dos años de trabajos

Ispahan

In Ispahan gibt es drei Gärten. Einer ist den Jungen gewidmet, ein anderer den Alten und der dritte denen, die noch nicht geboren sind. Die Jungen spielen Liebe, die Alten betrachten sie aus der Entfernung. Diese werden von der Erinnerung an ihre eigene Jugend gequält, jene von der Gewissheit dessen, was sie erwartet. Der Sinn des dritten Gartens ist ein Rätsel. Es zu lösen, ist Aufgabe des Reisenden: des Lesers.

Edmundo Paz Soldán
Die Familie

Ich bin unschuldig, ich habe meinen Vater nicht getötet, protestierte mein Bruder verzweifelt, kaum hatte er das Urteil gehört. Ich ging zu ihm und wollte ihm Mut einflößen. Ich sagte, ich würde ihm glauben (es stimmte: Ich hatte die Gewissheit, dass er nicht log), doch meine Worte waren vergeblich: Sein künftiges Los war besiegelt. Er legte den Kopf an meine Brust und weinte.

    Ich besuchte ihn siebenundzwanzig Jahre lang jeden Samstagnachmittag, bis er starb. Als ich bei der Totenwache den ärmlichen Sarg ohne Blumenkränze und letzte Grüße betrachtete, spürte ich erstmals die bittere Bürde der Reue.

Die zwei Städte

Weil die Cochabambiner sich weigerten, ihre Stadt für elf Monate als Filmset zur Verfügung zu stellen, beschlossen die Produzenten der Miniserie ‹Kleines Dorf Teufelskessel› beim Bau einer Nachbildung der Stadt Cochabamba in Originalgröße keine Mittel zu sparen. Nach zwei Jahren ununterbrochener Arbeit war diese mit einer Genauigkeit fertig-

ininterrumpidos, la réplica fue concluida con una exactitud que desafiaba a cualquier observador imparcial a discernir cuál de las dos ciudades era en realidad la original. En la nueva ciudad no faltaba nada de la esencia de la ciudad fundada en 1574: caótico urbanismo, deprimente mal gusto, calles de pavimento destrozado, suciedad, pobreza.

La miniserie fue filmada en cuatro meses y el escenario fue abandonado: todo hacía preverle un destino de pueblo fantasma. Sin embargo, su cercanía de Cochabamba (veinte minutos) comenzó a proveerle de visitantes los fines de semana. No se sabe cuándo se instalaron en él los primeros habitantes, lo cierto es que apenas iniciado, el flujo no se detuvo: a fines de 1988, Cochabamba se había convertido en una ciudad fantasma. Todos sus habitantes vivían ahora en la ciudad réplica.

¿Por qué los cochabambinos han cambiado su ciudad por una copia exacta, no por algo mejor o peor? Se han arriesgado un sinfín de explicaciones en busca de la comprensión de dicho fenómeno; una de ellas, acaso la más lógica, conjetura que es muy posible que ellos, con su traslado, hayan logrado la de otro modo imposible reconciliación de dos deseos en perpetuo conflicto en cada ser humano: el deseo de emigrar, de cambiar de rumbo, de buscar nuevos horizontes para sus vidas, y el deseo de quedarse en el lugar donde sus sueños vieron la vida por vez primera, de permanecer hasta el fin en el territorio del principio.

Es muy posible. Pero esa es una explicación más, no la explicación. Nadie sabe la explicación, nadie la sabrá.

gestellt, wodurch die Entscheidung, welche der beiden Städte nun tatsächlich die ursprüngliche war, für jeden unparteiischen Betrachter zur Herausforderung wurde. In der neuen Stadt fehlte nichts vom Wesen der 1574 gegründeten: wirre Stadtplanung, peinlich schlechter Geschmack, Straßen mit beschädigtem Pflaster, Schmutz, Armut.

Die Miniserie wurde innerhalb von vier Monaten gefilmt, und die Szenerie wurde verlassen: Alles ließ ein Schicksal als Geisterdorf voraussehen. Die Nähe zu Cochabamba (zwanzig Minuten) begann jedoch Wochenendbesucher anzuziehen. Man weiß nicht, wann die ersten Einwohner sich dort niederließen; sicher ist, dass einmal begonnen, die Umsiedlung nicht mehr aufhörte: Ende 1988 hatte sich Cochabamba in eine Geisterstadt verwandelt. Alle Einwohner lebten jetzt in der nachgebauten Stadt.

Warum haben die Cochabambiner ihre Stadt gegen eine haargenaue Kopie eingetauscht und nicht gegen etwas Besseres oder Schlechteres? Man hat unzählige Erklärungen für das Verständnis dieses Phänomens bemüht; in einer davon, vielleicht der plausibelsten, wird gemutmaßt, es sei sehr gut möglich, dass sie mit ihrer Umsiedlung die auf andere Weise unmögliche Versöhnung zweier Wünsche, die in jedem Menschen ständig in Konflikt stünden, erreicht hätten: den Wunsch auszuwandern, eine andere Richtung einzuschlagen, neue Horizonte für ihr Leben zu suchen, und den Wunsch, an dem Ort zu bleiben, an dem ihre Träume erstmals zum Leben erwachten, bis ans Ende am Ort des Anfangs zu bleiben.

Das ist gut möglich, ist aber nur eine weitere Erklärung, nicht die Erklärung. Niemand kennt die Erklärung, niemand wird sie jemals kennen.

Cristina Peri Rossi
[Cuando los alfiles se rebelaron...]

Cuando los alfiles se rebelaron, el campo quedó sembrado de peones desvanecidos; las torres corrieron a refugiarse en los tamarindos y un caballo, despavorido, vagaba por el camino, ciego de los dos ojos y perdiendo sangre por los oídos. Los peones restantes prepararon en vano una celada: murieron junto al arroyo y solamente el otro caballo parecía resistir. El último embate enemigo dio por tierra con el rey que huía – como casi todos los reyes – dando la espalda. Cuando la reina, majestuosa y trágica, quedó sola en el camino, uno de los alfiles se le subió a la espalda y el otro, con un toque de lanza, la derrumbó. Sobre ella gozaron toda la mañana, hasta que, aburridos, la abandonaron junto a la casilla número cinco.

[Ella me ha entregado la felicidad...]

Ella me ha entregado la felicidad dentro de una caja bien cerrada, y me la ha dado, diciéndome:
– Ten cuidado, no vayas a perderla, no seas distraída, me ha costado un gran esfuerzo conseguirla: los mercados estaban cerrados, en las tiendas ya no había y los pocos vendedores ambulantes que existían se han jubilado, porque tenían los pies cansados. Ésta es la única que pude hallar en la plaza, pero es de las legítimas. Tiene un poco menos brillo que aquella que consumíamos mientras éramos jóvenes y está un poco arrugada, pero si caminas bien, no notarás la diferencia. Si la apoyas en alguna parte, por favor, recógela antes de irte, y si decides tomar un ómnibus, apriétala bien entre las manos: la ciudad está llena de ladrones y fácilmente te la podrían arrebatar.

Cristina Peri Rossi
[Nach dem Aufstand der Läufer ...]

Nach dem Aufstand der Läufer war das Feld von geschlagenen Bauern übersät; die Türme liefen schutzsuchend unter die Tamarinden und ein durchgegangenes Pferd irrte, auf beiden Augen blind und aus den Ohren blutend, auf dem Weg herum. Die übrigen Bauern legten vergeblich einen Hinterhalt; sie fielen am Ufer des Baches, und nur das andere Pferd schien standzuhalten. Der letzte feindliche Angriff warf den König zu Boden, der – wie fast alle Könige – die Flucht ergriffen hatte. Als die Dame, majestätisch und tragisch, allein auf dem Weg blieb, sprang einer der Läufer ihr auf den Rücken und der andere warf sie mit einem Lanzenstoß zu Boden. Sie verlustierten sich den ganzen Morgen auf ihr und ließen sie am Ende gelangweilt neben dem Feld Nummer fünf liegen.

[Sie hat mir das Glück überreicht ...]

Sie hat mir das Glück in einer wohl verschlossenen Büchse überreicht und sagte:
«Gib acht, dass du es nicht verlierst, lass es nicht aus den Augen, es hat mich große Mühe gekostet, es aufzutreiben, die Märkte waren geschlossen und in den Läden war es ausgegangen, und die wenigen Straßenhändler, die es gab, sind in den Ruhestand getreten, weil sie müde Füße hatten. Das hier ist das Einzige, das ich auf dem Platz finden konnte, es ist aber echt. Es glänzt zwar ein bisschen weniger, als jenes, das wir genossen, als wir jung waren, und es ist ein bisschen zerknittert, aber wenn du dich richtig bewegst, merkst du keinen Unterschied. Wenn du es irgendwo hinstellst, nimm es bitte wieder an dich, bevor du weitergehst, und falls du beschließt, einen Bus zu nehmen, halte es gut fest, die Stadt ist voll von Dieben, sie könnten es dir leicht entreißen.

Después de todas estas recomendaciones soltó la caja y me la puso entre las manos. Mientras caminaba, noté que no pesaba mucho pero que era un poco incómoda de usar: mientras la sostenía no podía tocar otra cosa, ni me animaba a dejarla depositada, para hacer las compras. De manera que no podía entretenerme, y menos aún, detenerme a explorar, como era mi costumbre. A la mitad de la tarde tuve frío. Quería abrirla, para saber si era de las legítimas, pero ella me dijo que se podía evaporar. Cuando desprendí el papel, noté que en la etiqueta venía una leyenda:

«Consérvese sin usar».

Desde ese momento tengo la felicidad guardada en una caja. Los domingos de mañana la llevo a pasear, por la plaza, para que los demás me envidien y lamenten su situación; de noche la guardo en el fondo del ropero. Pero se aproxima el verano y tengo un temor: ¿cómo la defenderé de las polillas?

Virgilio Piñera
La montaña

La montaña tiene mil metros de altura. He decidido comérmela poco a poco. Es una montaña como todas las montañas, vegetación, piedras, tierra, animales y hasta seres humanos que suben y bajan por sus laderas.

Todas las mañanas me echo boca abajo sobre ella y empiezo a masticar lo primero que me sale al paso. Así me estoy varias horas. Vuelvo a casa con el cuerpo molido y con las mandíbulas deshechas. Después de un breve descanso me siento en el portal a mirarla en la azulada lejanía.

Si yo dijera estas cosas al vecino de seguro que rei-

Nach all diesen Empfehlungen nahm sie die Büchse und, legte sie mir in die Hände. Im Gehen merkte ich, dass sie nicht schwer war, aber doch ein wenig unbequem. Hielt ich sie in den Händen, konnte ich nichts anderes anfassen, und ich traute mich auch nicht, sie beim Einkaufen zur Aufbewahrung abzugeben. So konnte ich mich nicht zerstreuen und noch weniger, wie es meine Gewohnheit war, stehenbleiben, um etwas auszukundschaften. Mitten am Nachmittag wurde mir kalt. Ich wollte die Büchse öffnen, um mich zu vergewissern, ob es das Echte war, sie hatte mir jedoch gesagt, es könne sich verflüchtigen. Nachdem ich das Papier entfernt hatte, sah ich die Beschriftung auf dem Etikett:

«Unbenutzt aufbewahren».

Von da an halte ich das Glück in einer Büchse aufbewahrt. Sonntagmorgens führe ich es auf dem Platz spazieren, damit die anderen mich beneiden und ihre Lage beklagen; abends verstaue ich es ganz hinten im Kleiderschrank. Aber es naht der Sommer, und ich habe eine Sorge: Wie soll ich es vor Motten schützen?

Virgilio Piñera
Der Berg

Der Berg ist tausend Meter hoch. Ich habe beschlossen, ihn nach und nach aufzuessen. Es ist ein Berg wie alle Berge, mit Vegetation, Steinen, Erde, Tieren und selbst Menschen, die an seinen Flanken hinauf- und hinabsteigen.

Jeden Morgen lege ich mich bäuchlings auf den Berg und zerkaue, was mir als Erstes unterkommt. Damit bin ich ein paar Stunden beschäftigt. Ich kehre dann ganz erledigt und mit geschundenem Kiefer nach Hause zurück. Wenn ich mich ein wenig erholt habe, setze ich mich vor die Tür und betrachte den Berg in der blauen Ferne.

Erzählte ich diese Dinge meinem Nachbarn, würde er be-

ría a carcajadas o me tomaría por loco. Pero yo, que sé lo que me traigo entre manos, veo muy bien que ella pierde redondez y altura. Entonces hablarán de trastornos geológicos.

He ahí mi tragedia: ninguno querrá admitir que he sido yo el devorador de la montaña de mil metros de altura.

En el insomnio

El hombre se acuesta temprano. No puede conciliar el sueño. Da vueltas, como es lógico, en la cama. Se enreda entre las sábanas. Enciende un cigarrillo. Lee un poco. Vuelve a apagar la luz. Pero no puede dormir. A las tres de la madrugada se levanta. Despierta al amigo de al lado y le confía que no puede dormir. Le pide consejo. El amigo le aconseja que haga un pequeño paseo a fin de cansarse un poco. Que en seguida tome una taza de tilo y que apague la luz. Hace todo esto pero no logra dormir. Se vuelve a levantar. Esta vez acude al médico. Como siempre sucede, el médico habla mucho pero el hombre no se duerme. A las seis de la mañana carga un revólver y se levanta la tapa de los sesos. El hombre está muerto pero no ha podido quedarse dormido. El insomnio es un cosa muy persistente.

Ednodio Quintero
Tatuaje

Cuando su prometido regresó del mar, se casaron. En su viaje a las islas orientales, el marido había aprendido con esmero el arte del tatuaje. La noche misma

stimmt schallend lachen oder mich für verrückt halten. Ich aber, der ich weiß, was ich im Schilde führe, sehe sehr wohl, dass der Berg an Rundung und Höhe verliert. Man wird dann von geologischen Störungen sprechen.

Das ist nun meine Tragödie: Keiner wird glauben wollen, dass ich es war, der den tausend Meter hohen Berg verschlungen hat.

Schlaflosigkeit

Der Mann geht früh zu Bett. Er kann nicht einschlafen. Natürlich wälzt er sich im Bett. Er verwickelt sich in die Leintücher. Zündet eine Zigarette an. Liest ein wenig. Löscht das Licht wieder. Er kann aber nicht einschlafen. Morgens um drei steht er auf. Er weckt den Freund von nebenan und sagt ihm, er könne nicht schlafen. Er bittet ihn um Rat. Der Freund rät ihm, einen kleinen Spaziergang zu machen, das werde ihn ein wenig ermüden. Danach solle er sofort eine Tasse Lindenblütentee trinken und das Licht löschen. Er befolgt diese Anweisungen, kann aber nicht einschlafen. Er steht wieder auf. Dieses Mal sucht er den Arzt auf. Wie immer redet der Arzt sehr viel, aber der Mann schläft nicht ein. Um sechs Uhr morgens lädt er die Pistole und jagt sich eine Kugel in den Kopf. Der Mann ist tot, hat es aber nicht geschafft, einzuschlafen. Die Schlaflosigkeit ist eine sehr hartnäckige Angelegenheit.

Ednodio Quintero
Tätowierung

Als ihr Verlobter von der See kam, heirateten sie. Auf seiner Reise zu den östlichen Inseln hatte ihr Mann gewissenhaft die Kunst der Tätowierung erlernt. Schon in der Hochzeitsnacht

de la boda, y ante el asombro de su amada, puso en práctica sus habilidades: armado de agujas, tinta china y colorantes vegetales dibujó en el vientre de la mujer un hermoso, enigmático y afilado puñal.

La felicidad de la pareja fue intensa, y como ocurre en estos casos, breve. En el cuerpo del hombre revivió alguna extraña enfermedad contraída en las islas pantanosas del este. Y una tarde, frente al mar, con la mirada perdida en la línea vaga del horizonte, el marino emprendió el ansiado viaje a la eternidad.

En la soledad de su aposento, la mujer daba rienda suelta a su llanto y a ratos, como si en ello encontrase algún consuelo, se acariciaba el vientre adornado por el precioso puñal.

El dolor fue intenso, y también breve. El otro, hombre de tierra firme, comenzó a rondarla. Ella, al principio esquiva y recatada, fue cediendo terreno. Concertaron una cita. La noche convenida ella lo aguardó desnuda en la penumbra del cuarto. Y en el fragor del combate, el amante, recio e impetuoso, se le quedó muerto encima, atravesado por el puñal.

Tomás Rivera
El año perdido

Aquel año se le perdió. A veces trataba de recordar y ya para cuando creía que se estaba aclarando todo un poco se le perdían las palabras. Casi siempre empezaba con un sueño donde despertaba de pronto y luego se daba cuenta de que realmente estaba dormido. Luego ya no supo si lo que pensaba había pasado o no.

Siempre empezaba todo cuando oía que alguien le llamaba por su nombre pero cuando volteaba la ca-

brachte er zur Verwunderung der Geliebten seine Künste zur Anwendung: Mit Nadeln, Tusche und pflanzlichen Farbstoffen ausgerüstet, zeichnete er einen wunderschönen rätselhaften und scharf geschliffenen Dolch auf den Bauch seiner Frau.

Das Glück des Paares war unbändig und, wie in solchen Fällen üblich, kurz. Im Körper des Mannes flammte eine seltsame Krankheit wieder auf, die er sich auf den sumpfigen östlichen Inseln eingefangen hatte. Eines Abends, als er am Meer stand und sein Blick sich auf der verschwommenen Linie des Horizonts verlor, trat der Seemann die ersehnte Reise in die Ewigkeit an.

In der Einsamkeit ihres Zimmers gab die Frau sich hemmungslos den Tränen hin; von Zeit zu Zeit streichelte sie, als würde ihr das ein wenig Trost spenden, ihren mit dem kostbaren Dolch verzierten Bauch.

Der Schmerz war unbändig und ebenfalls kurz. Der Andere, ein Mann vom Festland, begann ihr nachzustellen. Anfangs war sie scheu und zurückhaltend, doch gab sie langsam nach. Sie verabredeten sich und in der vereinbarten Nacht erwartete sie ihn nackt im Halbdunkel des Zimmers. In der Hitze des Gefechts blieb der Liebhaber, der stark und ungestüm war, tot auf ihr liegen, vom Dolch durchbohrt.

Tomás Rivera
Das verlorene Jahr

Jenes Jahr war ihm verlorengegangen. Manchmal versuchte er, sich zu erinnern, und wenn er schon glaubte, dass sich alles ein wenig klärte, entglitten ihm die Worte. Fast immer begann es mit einem Traum, in dem er plötzlich erwachte und dann feststellte, dass er wirklich schlief. Später wusste er nicht mehr, ob das, was er dachte, sich zugetragen hatte oder nicht.

Es fing immer damit an, dass er hörte, wie jemand ihn beim Namen rief, wenn er aber den Kopf wendete, um zu sehen,

beza a ver quién era el que le llamaba, daba una vuelta entera y así quedaba donde mismo. Por eso nunca podía acertar ni quién le llamaba ni por qué, y luego hasta se le olvidaba el nombre que le habían llamado. Pero sabía que él era a quien llamaban.

Una vez se detuvo antes de dar la vuelta entera y le entró miedo. Se dio cuenta de que él mismo se había llamado. Y así empezó el año perdido.

Trataba de acertar cuándo había empezado aquel tiempo que había llegado a llamar año perdido. Se dio cuenta de que siempre pensaba que pensaba y era cuando se le volvía todo blanco y se quedaba dormido. Pero antes de dormirse veía y oía muchas cosas...

[sin título]

Faltaba una hora para que empezara la película de la tarde. Necesitaba cortarse el pelo así que se metió a la peluquería de enfrente del cine. De primero no comprendió muy bien y se sentó. Pero luego le dijo de nuevo que no podía cortarle el pelo. El creyó que porque no tenía tiempo y se quedó sentado a esperar al otro peluquero. Cuando éste acabó con el cliente él se levantó y se fue al sillón. Pero este peluquero le dijo lo mismo. Que no podía cortarle el pelo. Además le dijo que mejor sería que se fuera. Cruzó la calle y se quedó parado esperando que abrieran el cine, pero luego salió el peluquero y le dijo que se fuera de allí.

Entonces comprendió todo y se fue para la casa a traer a su papá.

wer ihn rief, drehte er sich einmal um sich selbst, und blieb so stehen. Deswegen konnte er nie herausfinden, wer ihn rief noch warum, und dann vergaß er selbst den Namen, bei dem er gerufen worden war. Er wusste aber, dass er damit gemeint war.

Einmal hielt er inne, bevor die Drehung beendet war, und bekam es mit der Angst zu tun. Er erkannte, dass er selbst sich gerufen hatte. Und so begann das verlorene Jahr.

Er versuchte herauszufinden, wann diese Zeit, die er als verlorenes Jahr bezeichnete, begonnen hatte. Er bemerkte, dass er immer dachte, er würde denken, und das war der Punkt, an dem alles weiß wurde und er einschlief. Vor dem Einschlafen sah und hörte er aber allerlei …

[Ohne Titel]

Es dauerte noch eine Stunde bis zum Beginn des Nachmittagfilms. Er musste sich die Haare schneiden lassen, also ging er in den Friseursalon dem Kino gegenüber. Erst verstand er es nicht so recht und setzte sich. Dann sagte der Friseur aber ein zweites Mal, er könne ihm die Haare nicht schneiden. Er dachte, er habe wohl keine Zeit und blieb sitzen und wartete, bis der andere Friseur frei war. Als dieser seinen Kunden bedient hatte, stand er auf und ging zu dem frei gewordenen Sessel. Aber dieser Friseur sagte dasselbe: Er könne ihm nicht die Haare schneiden. Er sagte auch noch, es sei besser, wenn er jetzt gehe. Er überquerte die Straße, blieb vor dem Kino stehen und wartete auf die Öffnung, doch nun kam der Friseur herüber und sagte, er solle machen, dass er da wegkomme.

Jetzt verstand er alles und ging nach Hause, um seinen Vater zu holen.

Alejandro Rodríguez Hanzik
Después de todo, nada

Este cuento no fue escrito.
Jules dio marcha atrás a su máquina del tiempo.
Y llegó al paraíso terrenal.
Jules disputó con Adán por la manzana y lo mató.
Jules era estéril.

Evelio Rosero Diago
Bajo la lluvia

Le preguntamos qué hacía ahí, flotando en la calle, bajo la lluvia, y él respondió que nada, que lo único que hizo fue saltar un poco, para evitar un charco, con la extraña suerte de que no volvió a caer. «Y aquí estoy, como pueden ver», dijo. Tenía los ojos aguados como alguien sorprendido por la emoción más inaudita, como alguien a punto de llorar silenciosamente. Su corbata colgaba ondulante, parecía lo único de él que pretendía continuar atándolo realmente a la tierra. Y, sin embargo, también él parecía aceptar su situación, porque reconoció estupefacto: «Debo ser uno de los tantos casos raros que hoy existen en el mundo.» Nos contó que al principio fue agradable. «Esto es como los pájaros», contó que había pensado, pero más tarde todo eso empezó a preocuparlo porque se elevó un metro y después dos más y de pronto comenzó a decirnos que sentía que otra vez iba a seguir elevándose, que lo ayudáramos. «¡Pronto, pronto!», gritaba.

«Su situación es peligrosa», dijo alguien, «si sigue elevándose a ese ritmo un avión podría quitarle la vida». «Sería lo mejor», sonrieron dos mujeres,

Alejandro Rodríguez Hanzik
Alles in allem, nichts

Diese Geschichte ist nicht geschrieben worden.
Jules ließ seine Zeitmaschine im Rückwärtsgang laufen.
Und er gelangte in den Garten Eden.
Jules zankte sich mit Adam um den Apfel und tötete ihn.
Jules war zeugungsunfähig.

Evelio Rosero Diago
Im Regen

Wir fragten ihn, was er denn da oben, im Regen über der Straße schwebend, mache. Nichts, antwortete er, das Einzige, was er getan habe, sei, ein wenig zu springen, um einer Pfütze auszuweichen, mit dem seltsamen Geschick, dass er nicht mehr nach unten gekommen sei. «Und hier bin ich, wie Sie sehen können», sagte er. Er hatte wässrige Augen wie jemand, der eine unerhörte Erschütterung erlitten hat, wie jemand, der dem lautlosen Weinen nahe ist. Seine Krawatte hing flatternd herab, sie schien das Einzige an ihm zu sein, das sich bemühte, ihn weiterhin tatsächlich an die Erde zu binden. Dennoch schien er sich mit seiner Lage abzufinden, denn er gab verblüfft zu: «Ich muss wohl einer der vielen seltsamen Fälle sein, die es heute auf der Welt gibt» Er erzählte uns, anfangs sei es angenehm gewesen. «Das ist wie bei den Vögeln», habe er, wie er erzählte, gedacht, aber später fing das alles an, ihm Sorgen zu machen, weil er einen Meter stieg, und dann noch zwei, und plötzlich sagte er zu uns, er spüre, dass er schon wieder aufsteige, wir sollen ihm doch helfen. «Schnell, schnell!», rief er.

«Seine Lage ist gefährlich», sagte jemand, «wenn er in diesem Tempo weitersteigt, könnte ein Flugzeug ihn umbringen.» «Das wäre das Beste», witzelten zwei Frauen, «wem fällt

«a quién se le ocurre saltar un charco para no volver a caer». «Esto hay que publicarlo», pensaron otros, «de lo contrario nadie va a creerlo».

«Qué podemos hacer», le dijimos. «Podríamos amarrarlo.» «¡No, no!» respondió él, esforzando la voz – porque ya se había elevado cuatro o cinco metros más, de un solo tirón –, «no quisiera hacer el ridículo, perdería mi puesto en el banco.»

«¿Entonces?», le gritamos. «Díganle a mi novia que hoy no pasaré por ella», respondió él, más resignado que impaciente. «Pero, ¿dónde vive ella?», le preguntamos. Él nos gritaba una y otra vez repitiendo la dirección. Vimos cómo gesticulaba, desesperado. Ninguno de nosotros alcanzó a escuchar en dónde vivía su novia. Además, al verlo desaparecer, nos pareció que su destino tenía tal viso de sospechosa fantasía que ya a nadie realmente le importaba justificar su ausencia ante el mundo.

Juan Sabia
Cartomancia

Pálido y temblando, enfundado en un sobretodo exageradamente grande y con un sombrero ridículo encasquetado hasta los ojos, el hombre volvió a preguntar sobre su futuro. La adivina siguió estudiando la distribución de las cartas sobre la mesa sin levantar la vista; parecía esforzarse en encontrar alguna buena noticia entre tanta desolación.

– Por favor – insistió él débilmente – dígame lo que vea aunque parezca terrible.

– Está todo muy confuso – ella dio un profundo suspiro –. Lo único que veo claro es un suicidio.

– Eso no importa. ¿Qué más? ¿Qué va a pasar ahora?

schon ein, über eine Pfütze zu springen, und nicht mehr zu landen?» «Das muss man an die Öffentlichkeit bringen», dachten andere, «sonst glaubt es niemand.»

«Was können wir tun», fragten wir ihn. «Wir könnten Sie anbinden.» «Nein, nicht!», antwortete er, die Stimme erhebend – er war nämlich in einem einzigen Ruck weitere vier oder fünf Meter gestiegen –, «ich will mich nicht lächerlich machen, ich würde meinen Posten bei der Bank verlieren.»

«Was nun?», riefen wir ihm zu. «Richten Sie meiner Freundin aus, ich werde sie heute nicht abholen», antwortete er, eher ergeben als ungeduldig. «Wo wohnt sie denn?», fragten wir. Er schrie mehrmals ihre Adresse herunter. Wir sahen ihn verzweifelt mit den Armen fuchteln. Keiner von uns konnte verstehen, wo seine Freundin wohnte. Als wir ihn verschwinden sahen, fanden wir dann auch, sein Schicksal habe einen derart verdächtigen Anstrich von Phantastik, dass sich niemand wirklich darum kümmerte, seine Abwesenheit vor der Welt zu rechtfertigen.

Juan Sabia
Kartenlegen

Blass und zitternd, in einen viel zu großen Mantel gehüllt und mit einem lächerlichen tief in die Stirn gedrückten Hut, fragte der Mann noch einmal nach seiner Zukunft. Die Wahrsagerin war immer noch in die Anordnung der Karten auf dem Tisch vertieft und blickte nicht auf; sie schien darum bemüht, doch noch eine gute Botschaft in einer so trostlosen Lage zu finden.

«Bitte», beharrte er mit schwacher Stimme, «sagen Sie mir, was Sie sehen, auch wenn es schrecklich scheint.»

«Alles ist sehr konfus», sagte sie mit einem Stoßseufzer. «Das Einzige, was ich klar sehe, ist ein Selbstmord.»

«Macht nichts. Und was noch? Was wird jetzt geschehen?»

— ¿Cómo qué más? – dijo ella ofendida y recogió las cartas con vehemencia –. Es su suicidio el que aparece, por si no se dio cuenta. Y no hay nada más que ver. ¿Le sigue pareciendo poco?

— Sí – dijo él, casi sonriendo pero evidentemente desilusionado; dejó unas monedas sobre la mesa y se puso de pie con esfuerzo.

Antes de salir, se sacó el sombrero con gentileza a modo de saludo y ella pudo verle en la sien, durante apenas un instante, un orificio oscuro, profundo, rodeado de sangre seca.

Armando José Sequera
Escena de un spaghetti western (versión chicana)

Los dos pistoleros, el uno de Tijuana y el otro de Laredo, se encontraron en pleno Desierto de Gila, al norte de Tucson. Ninguno creyó que el otro fuera un espejismo, por lo que ambos dispararon sobre lo que para ellos era una repentina y nada agradable aparición.

Aquella tarde, los zopilotes se cansaron de revolotear sobre el polvo y el silencio, desconcertados por la inmensa soledad.

Opus 18

Caperucita Roja soñaba todas las noches que una manada de lujuriosos lobos le salía al paso, cuando atravesaba el bosque, en tanto los sueños del lobo contemplaban un alborotado bosque, donde tropeles de voluptuosas chicas cubiertas de caperuzas rojas

«Wie ‹was noch›?», sagte sie beleidigt und sammelte energisch die Karten ein. «Es geht um Ihren Selbstmord, falls Sie es noch nicht gemerkt haben. Mehr gibt es nicht zu sehen. Ist Ihnen das noch zu wenig?»

«Ja», sagte er beinahe lächelnd, aber offensichtlich enttäuscht; er legte ein paar Münzen auf den Tisch und erhob sich mit Mühe.

Bevor er wegging, lüftete er freundlich den Hut, und für einen Augenblick konnte sie an seiner Schläfe eine dunkle Öffnung sehen, tief und mit Blut verkrustet.

Armando José Sequera
Szene aus einem Spaghettiwestern (Chicano-Version*)

Die beiden Revolverhelden, einer aus Tijuana, der andere aus Laredo, trafen sich mitten in der Gila-Wüste, im Norden von Tucson. Keiner hielt den anderen für eine Fata Morgana; so schossen sie beide auf das, was für sie eine plötzliche und alles andere als angenehme Erscheinung war.

An jenem Nachmittag kreisten die Geier ermüdet über dem Staub und dem Schweigen, ratlos ob der unermesslichen Einsamkeit.

* Chicano bezeichnet die in den USA lebenden Mexikaner und ihre Nachfahren.

Opus 18

Rotkäppchen träumte jede Nacht, dass ein Rudel lüsterner Wölfe ihr entgegenkam, wenn sie durch den Wald ging, während in den Träumen des Wolfs ein Wald von einer Schar wollüstiger Mädchen mit roten Kapuzen in Aufruhr gebracht wurde, die zu fernen Siedlungen unterwegs wa-

transitaban en pos de remotas poblaciones, habitadas tan sólo por débiles y enfermizas abuelas.

No quiso el destino enlazar tales fantasías, pues mientras una se originaba en los bosques de Viena, la otra la había en la Selva Negra.

Ana María Shua
La manzana y la ley

La flecha disparada por la ballesta precisa de Guillermo Tell parte en dos la manzana que está a punto de caer sobre la cabeza de Newton. Eva toma una mitad y le ofrece la otra a su consorte para regocijo de la serpiente. Es así como nunca llega a formularse la ley de gravedad.

Caníbales y exploradores

Los caníbales bailan alrededor de los exploradores. Los caníbales encienden el fuego. Los caníbales tienen la cara pintada de tres colores. Los caníbales están interesados en el corazón y el cerebro, desprecian la carne tierna de los muslos, el resto de las vísceras. Los caníbales ingieren aquellas partes del cuerpo que consideran capaces de infundir en ellos las virtudes que admiran en sus víctimas. Los caníbales se ensañan sin goce en su banquete ritual. Los caníbales visten las prendas de los exploradores. Los caníbales, una vez en Londres, pronuncian documentadas conferencias sobre los caníbales.

ren, in denen lauter schwache und kränkliche Großmütter wohnten.

Das Schicksal wollte solche Traumbilder nicht zusammenführen, denn, während das eine aus dem Wienerwald kam, spielte sich das andere im Schwarzwald ab.

Ana María Shua
Der Apfel und das Gesetz

Der von Wilhelm Tells zielsicherer Armbrust abgeschossene Pfeil spaltet den Apfel, der im Begriff ist, auf Newtons Kopf zu fallen. Eva nimmt eine Hälfte und bietet die andere zur Genugtuung der Schlange ihrem Gefährten an. So kommt es, dass das Gesetz der Schwerkraft nie formuliert wird.

Kannibalen und Forscher

Die Kannibalen tanzen um die Forscher. Die Kannibalen zünden das Feuer an. Die Kannibalen haben sich das Gesicht mit drei Farben bemalt. Die Kannibalen sind auf Herz und Gehirn erpicht, sie verachten das zarte Fleisch der Schenkel, die übrigen Eingeweide. Die Kannibalen nehmen nur die Körperteile zu sich, von denen sie glauben, sie würden ihnen jene Kräfte verleihen, die sie an ihren Opfern bewundern. Die Kannibalen begehen ihr rituelles Festmahl verbissen und ohne Genuss zu empfinden. Die Kannibalen ziehen die Kleider der Forscher an. Die Kannibalen halten, in London angekommen, gut dokumentierte Vorträge über die Kannibalen.

Héctor Tizón
El llamado

Al principio solo levantó dos o tres veces la cabeza y trató de perforar la oscuridad con sus ojos mansos. Luego volvió a la misma posición apoyando el hocico sobre sus patas delanteras.

Afuera tronaba la tormenta llenando el cielo de descargas. Después comenzó a caer el aguacero con furia extraordinaria.

Él le había recomendado: «Espérame aquí. Vuelvo al anochecer.»

El fuego que el hombre dejara encendido antes de salir, iba muriendo en un montón de cenizas. Las sombras cayeron poco a poco y la noche ganó primero el interior de la casa.

Ahora bramaba la tormenta y entre el ruido del agua contra los techos de zinc y los truenos se percibía a veces el ronco o agudo silbar de las locomotoras. Era como si el mundo probara sus instrumentos antes de empezar una estruendosa sinfonía.

El animal por fin se incorporó dando un aullido. Después empezó a ladrar con todas sus fuerzas y a recorrer la habitación de un extremo al otro. Luego se trepó a los muebles tumbando una mesa con lo que había encima, enloquecido por la lluvia, los truenos, el encierro. También comenzó a aullar largamente y a arañar la puerta parado sobre sus patas traseras. Hasta que, cuando en el interior de la casa reinaba el desorden, distinguió la ventana. Primero fue hasta ella y pegó el hocico contra los cristales, después quiso introducir las uñas en las junturas. Sus ojos mansos, desesperados brillaron un instante cuando la luz de un relámpago iluminó

Héctor Tizón
Der Ruf

Am Anfang hob er nur zwei- oder dreimal den Kopf und versuchte mit seinen sanften Augen, die Dunkelheit zu durchbohren. Dann nahm er wieder die vorherige Stellung ein und legte die Schnauze auf die Vorderläufe.

Draußen tobte das Gewitter, Blitze durchzuckten den Himmel. Dann setzte ein ungewöhnlich heftiger Platzregen ein.

Er hatte ihm gut zugeredet: «Warte hier auf mich. Wenn es dunkel wird, bin ich zurück.»

Das Feuer, das der Mann brennen ließ, als er wegging, erlosch langsam unter einem Aschehaufen. Nach und nach wurde es dämmrig, und als Erstes breitete die Nacht sich über das Innere des Hauses.

Jetzt brauste der Sturm und zwischen dem Geräusch des Wassers, das auf die Zinkdächer prasselte, und dem Krachen des Donners hörte man ab und zu das bald heisere, bald schrille Pfeifen der Lokomotiven. Es war, als würde die Welt vor dem Beginn einer rauschhaften Symphonie ihre Instrumente stimmen.

Schließlich richtete der Hund sich auf und jaulte. Dann fing er aus Leibeskräften an zu bellen und im Zimmer hin und her zu laufen. Später kletterte er auf die Möbel, wobei er einen Tisch umkippte mit allem, was darauf lag, vor lauter Regen, Donner und Eingesperrtsein wie von Sinnen. Er heulte lange, stellte sich auf die Hinterbeine und kratzte an der Tür. Bis er schließlich, als im Haus alles durcheinanderlag, das Fenster bemerkte. Erst lief er hin und drückte die Schnauze an die Scheibe, dann versuchte er, mit den Krallen in die Fugen zu greifen. Die sanften Augen leuchteten einen Augenblick verzweifelt auf, als ein

fugazmente el interior. Desde allí contempló la calle que era un lodazal solitario. Retrocedió una corta distancia, tomó fuerzas y abalanzándose contra el ventanal pudo caer hacia fuera.

Ya casi había cesado la lluvia. Entonces, magullado, perdiendo abundante sangre por el óvalo de un ojo que una astilla de vidrio le vaciara, renqueando, logró llegar hasta el final del callejón junto al descampado en que él yacía con el cuerpo todavía caliente, para lamerle la profunda herida por donde acababan de arrebatarle la vida.

Julio Torri
El profesor leía el pasaje de Kirké

El profesor leía el pasaje de Kirké. Uno de los alumnos se puso de pie indignado.

– Ese pasaje – prorrumpió – es ofensivo e intolerable para los cerdos, la especie más vilipendiada y martirizada por nosotros. ¿Por qué se considera perniciosa la transformación de los compañeros de Odisea en puercos? ¿Para qué, sin tomarles su parecer, se les convierte de nuevo en seres humanos? Cierto que se les embellece y rejuvenece para darles en algún modo una merecida compensación...

El discurso se volvió ininteligible porque se trocó en una sucesión de gruñidos a que hicieron coro los demás discípulos.

Ante los hocicos amenazadores y los colmillos inquietantes, ganó el maestro como pudo la puerta, no sin disculpar débilmente antes al poeta, y aludir con algo de tacto a su linaje israelita y a la repugnancia atávica por perniles y embutidos.

Blitz kurz den Raum ausleuchtete. Von seinem Posten aus blickte er auf die Straße, die jetzt ein öder Sumpf war. Er wich ein wenig zurück, sammelte seine Kräfte, sprang gegen das Fenster und stürzte nach draußen.

Der Regen hatte schon fast aufgehört. Mit Quetschungen und einer blutüberströmten Augenhöhle, eine Glasscherbe hatte ihm das Auge ausgerissen, erreichte er hinkend das offene Feld am Ende der Gasse, wo der Mann lag, sein Körper war noch warm; das Tier leckte die tiefe Wunde, durch die sie ihn schließlich ums Leben gebracht hatten.

Julio Torri
Der Lehrer las die Kirke-Passage

Der Lehrer las die Kirke-Passage vor. Ein Schüler erhob sich entrüstet.

«Diese Stelle», brach es aus ihm hervor, «ist beleidigend und unannehmbar für die Schweine, die Spezies, die von uns am meisten erniedrigt und gequält wird. Warum wird die Verwandlung von Odysseus' Gefährten in Schweine für schmählich gehalten? Warum werden sie, ohne dass man sie nach ihrer Meinung fragt, in Menschen zurückverwandelt? Es stimmt, dass sie verschönt und verjüngt werden, weil man ihnen gewissermaßen einen wohlverdienten Ausgleich verschaffen möchte...

Seine Rede wurde unverständlich, weil sie in eine Abfolge von Grunzlauten überging, denen sich die anderen Schüler anschlossen.

Vor den drohenden Rüsseln und den beunruhigenden Hauern rettete der Lehrer sich irgendwie zur Tür, nicht ohne zuvor den Dichter halbherzig zu rechtfertigen und taktvoll auf seine jüdische Abstammung und die atavistische Abscheu vor Schinken und Würsten hinzuweisen.

Pablo Urbanyi
El paso del tiempo

Después de un año de casados, de sobremesa, ella, seria, le dijo a su marido:

– Veo que no nos entendemos. Siempre discutimos y nos peleamos. Es mejor que nos separemos antes de tener hijos, los haríamos infelices. Nos quedan muchos años para vivir otras vidas mejores.

Él respondió:

– De acuerdo.

Luego de la cena en una cocina más grande, mientras los hijos miraban la televisión, ambos bebiendo oporto, ella le dijo:

– No, de una vez por todas, esto no va. Seguimos cada vez peor. Es mejor que nos separemos antes de arruinarles la vida a nuestros hijos. Oportunidades no nos van a faltar.

Él respondió:

– De acuerdo.

Antes de sentarse frente al televisor con un vaso de whisky el marido, y una copa de coñac la mujer, ella le dijo:

– Nuestros hijos ya no están. Ni sabemos por dónde andan. Definitivamente, no hay manera de entendernos. Es mejor que nos separemos antes de arruinarnos el resto de nuestros días.

Él respondió:

– De acuerdo.

Ella, la espalda encorvada por la edad, sentada frente a la televisión, una copa de coñac en una mano y con la otra acariciando un perro, le dijo:

– Nunca me contradecía. Realmente, era un buen hombre.

Pablo Urbanyi
Der Lauf der Zeit

Ein Jahr nach der Hochzeit sagte sie beim Nachtisch ernst zu ihrem Mann:

«Ich sehe, dass wir uns nicht vertragen. Wir haben ständig Auseinandersetzungen und Streit. Es ist besser, wir trennen uns, bevor wir Kinder haben, sie würden darunter leiden. Wir haben noch genug Zeit, um besser zu leben.»

Er antwortete:

«Einverstanden.»

Nach dem Abendessen in einer größeren Küche, während die Kinder fernsahen und sie beide ein Gläschen Portwein tranken, sagte sie zu ihm:

«Nein, ein für allemal, so geht es nicht. Es wird immer schlimmer. Wir trennen uns besser, bevor wir den Kindern das Leben vermasseln. An neuen Chancen wird es uns nicht fehlen.»

Er antwortete:

«Einverstanden.»

Bevor sie sich vor den Fernseher setzten, der Mann mit einem Glas Whisky, die Frau mit einem Cognac, sagte sie zu ihm:

«Die Kinder sind ausgeflogen. Wir wissen nicht einmal genau, wo sie stecken. Es ist klipp und klar, wir passen nicht zusammen. Es ist besser, wir trennen uns, statt uns auch noch das Ende unserer Tage zu verderben.»

Er antwortete:

«Einverstanden.»

Den Rücken vom Alter gebeugt, saß die Frau vor dem Fernseher, hielt in einer Hand ein Glas Cognac und streichelte mit der anderen einen Hund; sie sagte zu ihm:

«Nie hat er mir widersprochen. Er war wirklich ein guter Mensch.»

Luisa Valenzuela
Este tipo es una mina

No sabemos si fue a causa de su corazón de oro, de su salud de hierro, de su temple de acero o de sus cabellos de plata. El hecho es que finalmente lo expropió el gobierno y lo está explotando. Como a todos nosotros.

César Vallejo
Quiero perderme

Quiero perderme por falta de caminos. Siento el ansia de perderme definitivamente, no ya en el mundo ni en la moral, sino en la vida y por obra de la vida. Odio las calles y los senderos, que no permiten perderse. La ciudad y el campo son así. No es posible en ellos la pérdida, que no la perdición, de un espíritu. En el campo y en la ciudad, se está demasiado asistido de rutas, flechas y señales, para poder perderse. Uno está allí indefectiblemente limitado, al norte, al sur, al este, al oeste. Uno está allí irremediablemente situado. Al revés de lo que le ocurrió a Wilde, la mañana en que iba a morir en París, a mí me ocurre en la ciudad amanecer siempre rodeado de todo, del peine, de la pastilla de jabón, de todo. Amanezco en el mundo y con el mundo, en mí mismo y conmigo mismo. Llamo e inevitablemente me contestan y se oye mi llamada. Salgo a la calle y hay calle. Me echo a pensar y hay siempre pensamiento.

    Esto es desesperante.

Luisa Valenzuela
Dieser Kerl ist eine Mine*

Wir wissen nicht, war es seines goldenen Herzens, seiner eisernen Gesundheit, seiner stählernen Konstitution oder seines silbernen Haares wegen. Tatsache ist, dass er schließlich von der Regierung enteignet wurde und jetzt ausgebeutet wird. Wie wir alle.

César Vallejo
Ich will mich verlieren

Ich will mich im Weglosen verlieren. Ich sehne mich danach, mich endgültig zu verlieren, nicht in der Welt oder in der Moral, sondern im Leben und kraft des Lebens. Ich hasse die Straßen und Pfade, die einen daran hindern, sich zu verlieren. So ist es in der Stadt und auf dem Land. Der Verlust des Geistes ist da nicht möglich, wohl aber sein Verderben. Auf dem Land und in der Stadt wird man so sehr von Straßen, Pfeilen und Schildern geführt, dass man sich nicht verlieren kann. Es sind einem unfehlbar Grenzen gesetzt, im Norden, im Süden, im Osten, im Westen. Man ist rettungslos verortet. Im Gegensatz zu dem, was Oscar Wilde in Paris am Morgen seines Todestages widerfuhr, geschieht es mir in dieser Stadt, dass ich erwache und von allem umgeben bin, vom Kamm, vom Stück Seife, von allem. Ich erwache in der Welt und mit der Welt, in mir selbst und mit mir selbst. Ich rufe und man antwortet mir unweigerlich, und mein Rufen wird gehört. Ich gehe auf die Straße, und die Straße gibt es. Ich fange zu denken an, und immer gibt es einen Gedanken.
    Das ist zum Verzweifeln.

---

* Das Wort *mina* steht im Spanischen sowohl für «Mine» als auch für «Frau».

Quellennachweis

Enrique Anderson Imbert (Argentinien, 1910–2000) *Alas, [Atlas estaba sentado ...], Jaula de un solo lado* aus *El gato de Cheshire. Cuentos 2*, Buenos Aires 1999. © 1999 Enrique Anderson Imbert. Lizenz durch Ediciones Corregidor, Buenos Aires.

Gustavo Arango (geb. 1964 Kolumbien) *Escapar* aus *Dos veces bueno. Cuentos brevísimos latinoamericanos,* hrsg. v. Raúl Brasca. © 2008 Gustavo Arango.

Inés Arredondo (Mexiko, 1928–1989) *Año nuevo* aus *La Minificción en México*, hrsg. v. Lauro Zavala, Bogotá 2002.

Juan José Arreola (Mexiko, 1918–2001) *De un viajero, Cuento de horror* aus *Palíndroma*, México 1971, *De L'Osservatore, Alarma para el año 2000* aus *Confabulario*, México 1952. © 1995 Fondo de Cultura Económica, Mexiko.

Alejandro Aura (Mexiko, geb. 1944) *El otro lado*, Mexiko 1993. © 1993 Fondo de Cultura Económica, Mexiko.

Mario Benedetti (Uruguay, geb. 1920) *Salvo excepciones, El hombre que aprendió a ladrar* aus *Despistes y franquezas*, Buenos Aires 1993. © Mario Benedetti c/o Guillermo Schavelzon & Asociados, Agencia Literaria.

Adolfo Bioy Casares (Argentinien, 1914–1999) *Un tigre y su domador, Oswalt Henry, viajero* aus *Una magia modesta*, Buenos Aires 1997. © Agencia Literaria Carmen Balcells.

Miguel Bonilla López (Mexiko, geb. 1970) *El sobreviviente* aus *El cuento*, 1995. © 1995 Miguel Bonilla López.

Jorge Luis Borges (Argentinien 1899–1986) *Episodio del enemigo* aus *Nueva antología personal*, Barcelona 1980; *Del rigor de la ciencia, La uñas, Dreamtigers* aus *El Hacedor*. Madrid 1987. © 1995 Maria Kodama, Lizenz durch The Wylie Agency. © 2006, 2008 für die deutsche Übersetzung Carl Hanser Verlag München. *Episode vom Feind* aus: *Ge-

sammelte Werke in 12 Bänden, Band 10: *Die Anthologien. Handbuch der phantastischen Zoologie/Das Buch von Himmel und Hölle/Buch der Träume*. Übersetzt von Gisbert Haefs, Maria Bamberg, Ulla de Herrera und Edith Aron, München 2008. *Von der Strenge der Wissenschaft, Die Nägel, Dreamtigers* aus: *Gesammelte Werke in 12 Bänden*, Band 7: *Der Gedichte erster Teil. Buenos Aires mit Inbrunst/Mond gegenüber/Notizheft San Martial Borges und ich*. Hrsg. v. Gisbert Haefs und Fritz Arnold. Aus dem Spanischen von Gisbert Haefs und Karl August Horst, München 2006

Raúl Brasca (Argentinien, geb. 1948) *Travesía, Felinos* aus *Todo tiempo futuro fue peor*, Buenos Aires 2007. © Thule Ediciones, Barcelona.

Homero Carvalho Oliva (Bolivien, geb. 1957) *Evolución* aus *Las horas y las hordas. Antología del cuento latinoamericano del siglo XXI*, Mexiko 1997. © Homero Carvalho Oliva.

José de la Colina (geb. 1934 in Spanien; nach dem Bürgerkrieg emigrierte seine Familie nach Mexiko) *Una pasión en el desierto, Ardiente* aus *Tren de historias*, Mexiko 1998. © 1998 José de la Colina.

Julio Cortázar (Argentinien, 1924–1984) *Cortísimo metraje, Elecciones insólitas* aus *Último round*, Mexiko 1969. *Continuidad de los parques* aus *Ceremonias*, Mexiko 1968 © Agencia Literaria Carmen Balcells.

Marco Denevi (Argentinien, 1922–1998) *La verdad sobre el canario* aus *El emperador de la China y otros cuentos*, Buenos Aires 1970; *La contemporaneidad y la posteridad* aus *Parque de diversiones*, Buenos Aires 1970; *La hormiga, El precursor de Cervantes* aus *Falsificaciones*, Buenos Aires 1977. © 2007 Marco Denevi. Lizenz durch Ediciones Corregidor, Buenos Aires.

Manuel Díaz Martínez (Kuba, geb. 1936) *El otro* aus *Dos ve-*

ces bueno 2. Más cuentos brevísimos latinoamericanos, hrsg. v. Raúl Brasca, Buenos Aires 1996.

Antonio Di Benedetto (Argentinien, 1922–1986) *La verdadera historia del pecado original* aus *Dos veces bueno. Cuentos brevísimos latinoamericanos*, hrsg. v. Raúl Brasca, Buenos Aires 1996. © 2006 Luz Di Benedetto, © 2006 Adriana Hidalgo Editora S. A.

Salvador Elizondo (Mexiko, 1938–2006) *Aviso* aus *Obras Completas*. © Fondo de Cultura Económica, Mexiko.

Juan Armando Epple (Chile, geb. 1946) *Abecedario, Tareas gramaticales, Medidas de tiempo* aus *Con tinta sangre*, Barcelona 2004 © Thule Ediciones, Barcelona.

Luis Fayad (Kolumbien, geb. 1945) *Reencuentro con una mujer, Personaje en apuros* aus *Un espejo después* Bogotá 1995. © 1995 Luis Fayad.

Eduardo Galeano (Uruguay, geb. 1940) *Libertad, pájaros prohibidos* aus *Memoria del fuego*, Buenos Aires 1986; *Celebración de la fantasía* aus *El libro de los abrazos*, Madrid, Mexiko 1997. © 2009 Eduardo Galeano. Im Peter Hammer Verlag liegt Eduardo Galeanos Werk auf Deutsch vor. *Freiheit* in *Erinnerung an das Feuer*, übersetzt von Lutz Kliche, *Lob der Phantasie* in *Das Buch der Umarmungen*, übersetzt von Erich Hackl.

Angélica Gorodischer (Argentinien, geb. 1929), *Ayyyy* aus *Menta*. Buenos Aires 2000.

Felisberto Hernández (Uruguay, 1902–1964) *Los teósofos, Deliberación de los Dioses, Sufragio* aus *Fulano de tal*, Montevideo 1925. © Agencia Literaria Carmen Balcells.

Kultur der Ijca *Un origen*, gesammelt von Álvaro Chaves und Lucía Francisco, aus *Antología del Cuento Corto Colombiano*, 2004.

Fernando Iwasaki (Peru, geb. 1961) *La soledad, Cosas que se mueven solas* aus *Ajuar funerario*, Páginas de Espuma Editorial, Madrid 2004. © 2004 Fernando Iwasaki; Lizenz durch Silvia Bastos, S. L. Agencia literaria.

Enrique Jaramillo Levi (Panama, geb. 1944) *El globo* aus der Zeitschrift *El cuento*, Nr. 82, 1980. © 2009 Enrique Jaramillo Levi.

Gabriel Jiménez Emán (Venezuela, geb. 1950) *Los brazos de Kalym* aus *Los dientes de Raquel*, 1973. © 2009 Gabriel Jiménez Emán.

Jorge Medina García (Honduras, geb. 1948) *A saber, La pintura* aus *La oscuridad nuestra de cada día y algunos cuentos rescatados*, Tegucigalpa. © 2009 Jorge Medina García.

José María Méndez (El Salvador, 1916–2006) *El mono sabio* aus *Dos veces bueno 2. Más cuentos brevísimos latinoamericanos*, hrsg. v. Raúl Brasca.

Álvaro Menén Desleal (El Salvador, 1932–2000) *Los viajeros, Hora sin tiempo* aus *En el vientre del pájaro*.

Julio Miranda (Cuba, geb. 1945) *Vida de perros* aus *Dos veces bueno 2. Más cuentos brevísimos latinoamericanos*, hrsg. v. Raúl Brasca.

Augusto Monterroso (Guatemala, 1921–2003) *El dinosaurio, El eclipse, La brevedad* aus *Cuentos; El Zorro es más sabio, La Mosca que soñaba que era un Águila* aus *La oveja negra y demás fábulas; La vaca* aus *Obras completas (y otros cuentos)*. © Augusto Monterroso; Lizenz durch International Editors' Co, Barcelona.

Kultur der Motilonen *El mundo de arriba y el mundo de abajo*, gesammelt von Álvaro Chaves Mendoza, aus *Antología del Cuento Corto Colombiano*, 2004

Andrés Neuman (Argentinien, geb. 1977) *La felicidad* aus *Alumbramiento*, 2006. © Andrés Neuman/Páginas de Espuma.

María Obligado (Argentinien, geb. 1947) *Voces como arpones* aus *Por favor, sea breve. Antología de relatos hiperbreves*, hrsg. v. Clara Obligado. © María Obligado.

Silvina Ocampo (Argentinien, 1909–1993) *La soga* aus: Francisco J. Uriz, *América Latina cuenta*, Barcelona 1999.

© 2006 Editorial Sudamericana S. A. & heires of Silvina Ocampo. Die Erzählung liegt in dem Band *Die Furie und andere Geschichten* in der Übersetzung von René Strien vor. © 1992 Suhrkamp Verlag Frankfurt am Main.

José Emilio Pacheco (Mexiko, geb. 1939) *Parque de diversiones* aus *El viento distante y otros relatos*; *Ispahan* aus *La Minificción en México*, hrsg. v. Lauro Zavala. © 1963 Ediciones Era/José Emilio Pacheco.

Edmundo Paz Soldán (Bolivien, geb. 1967), *La familia*, *Las dos ciudades* aus *Desencuentros*, 2004. © Edmundo Paz Soldán c/o Guillermo Schavelzon & Asociados, Agencia Literaria.

Cristina Peri Rossi (Uruguay, geb. 1941) *[Cuando los alfiles se rebelaron]*, *[Ella me ha entregado la felicidad]* aus *Indicios pánicos*, 1970. © Antonia Kerrigan Agencia Literaria, Barcelona.

Virgilio Piñera (Kuba, 1912–1979) *La montaña*, *En el insomnio* aus *Cuentos completos*, 1999. © 2009 Agencia Literaria Latinoamericana, Havanna.

Ednodio Quintero (Venezuela, geb. 1947) *Tatuaje* aus *Cabeza de cabra y otros relatos*. Caracas 1992. © Ednodio Quintero.

Tomás Rivera (USA, 1935–1984) *El año perdido*; *Faltaba una hora* aus *The Complete Works of Tomás Rivera*. © 1991 Arte Público Press, University of Houston.

Alejandro Rodríguez Hanzik (Mexiko) *Después de todo, nada* aus *Dos veces bueno 2. Más cuentos brevísimos latinoamericanos*, hrsg. v. Raúl Brasca. © Alejandro Rodríguez Hanzik.

Evelio Rosero Diago (Kolumbien, geb. 1958) *Bajo la lluvia*, aus *Antología del cuento corto Colombiano*, 2004. © Evelio Rosero Diago.

Juan Sabia (Argentinien, geb. 1962) *Cartomancia* aus *Dos veces bueno. Cuentos brevísimos latinoamericanos*, hrsg. v. Raúl Brasca. © Juan Sabia.

Armando José Sequera (Venezuela, geb. 1953) *Escena de un spaghetti western (versión chicana)*; *Opus 18*, aus *La Minificción en Venezuela*, 2004. © Armando José Sequera.

Ana María Shua (Argentinien, geb. 1951) *La manzana y la ley* aus *La Sueñera*, 2006, *Caníbales y exploradores* aus *Casa de geishas*, 1992. © 1992 Ana Maria Shua. Lizenz durch Literarische Agentur Mertin, Frankfurt am Main.

Héctor Tizón (Argentina, geb. 1929) *El llamado* aus *A un costado de los rieles*, 2001. © Héctor Tizón c/o Guillermo Schavelzon & Asociados, Agencia Literaria.

Julio Torri (Mexiko, 1889–1970) *El profesor leía el pasaje de Kirke* aus *Tres libros*, Mexiko 1964. © 1964 Fondo de la Cultura Económica, Mexiko.

Pablo Urbanyi (geb. 1939 Ungarn, in Argentinien aufgewachsen, lebt in Kanada) *El paso del tiempo* aus der Literaturzeitschrift *Quimera*, Februar 2003. © Pablo Urbanyi.

Luisa Valenzuela (Argentinien, geb. 1938) *Este tipo es una mina* aus *Libro que no muerde*, 1980. © Luisa Valenzuela.

César Vallejo (Peru, 1892–1938) *Quiero perderme* aus *Antología del cuento breve y oculto*, hrsg. v. Raúl Brasca.

Für einige Erzählungen waren die Rechte-Inhaber nicht ausfindig zu machen. Die Redaktion bemüht sich weiter darum und ist für Hinweise dankbar.

Fremdsprachen lernen und Literatur lesen – das kann man mit Hilfe der zweisprachigen Reihe des <u>dtv</u>. Bitte fordern Sie ein Verzeichnis dieser Reihe beim Verlag an oder besuchen Sie uns im Internet.

                        Deutscher Taschenbuch Verlag
                        Tumblingerstraße 21, 80337 München
                        www.dtv.de zweisprachig@dtv.de